¿Y ESO PARA QUÉ?

¿Y ESO PARA QUÉ?

Descubre cómo transformar
a tus alumnos con la escritura
taquigráfica 'Pitman'

LOURDES RIVERO

PUBLICADO POR MARÍA DE LOURDES RIVERO ORTIZ

Copyright © 2024 por María de Lourdes Rivero Ortiz

Primera Edición 2024

ISBN Libro Tapa Blanda: 978-1-958677-26-1

Para obtener más información, envíe un correo electrónico a lourdes.rivero6407@gmail.com

A mi Señor Jesús y a mi Santísima Madre, Santa María.

A la memoria de mis padres, Victoria Ortiz Hernández
y Guillermo Rivero Chávez,
por siempre mis mejores maestros.

A todos mis estudiantes, de quienes tanto aprendí.

A la doctora Irma Leticia Cisneros Basurto, por sus valiosos aportes para la realización de este libro.

A la maestra Silvia Ortiz Revuelta, docente y psicóloga incansable, que entrega lo mejor de sí.

ÍNDICE

Prólogo

Uno de los aportes que tenemos como docentes en nuestra vida profesional son las enseñanzas que nos comparten nuestros alumnos día a día a través de su proceso de aprendizaje.

Precisamente, esto es lo que nos muestra la autora del presente libro, una recopilación de historias, experiencias, enseñanzas y relatos de aquellos alumnos que tuvieron la fortuna de vivenciar el aprendizaje significativo a través de la creatividad, el interés, la motivación y el sostener la sensación de logro, los cuales son pilares fundamentales para que el proceso de aprendizaje se genere de manera integral.

Sabemos que la transición de los alumnos a nivel secundaria les implica una mayor exigencia, especialmente en la reorganización de la información de nuevos aprendizajes, haciendo uso de cada uno de los procesos cognitivos como la sensación, percepción, memoria, el lenguaje y pensamiento, para después integrarlos en procesos más complejos como la creatividad, imaginación, motivación y capacidad de logro, potenciando su aprendizaje.

La autora integra hábilmente estas competencias mentales ante la enseñanza de la taquigrafía 'Pitman'. Esta escritura, conformada por sus propios signos y símbolos cortos y abreviados, permiten escribir a la velocidad del discurso verbal; nos comparte a manera de anecdotario las vivencias que surgen durante este proceso en sus alumnos; nos muestra en cada capítulo cómo se va desarrollando clase tras clase el aprendizaje y se puede vislumbrar cómo los aspectos psicológicos del aprendizaje se conjugan con las funciones cognitivas.

Con la lectura de este libro, nos adentraremos en el aula, podremos imaginar a los alumnos y descubrir su percepción en torno a sus clases de taller, que van desde la resignación hasta la negación para enfrentar su clase; a su vez, podemos imaginarnos las actitudes al plantear sus preguntas y rebeldías; ella, a través de su dinámica docente, los invita a la reflexión, incentivando el pensamiento crítico y la autorreflexión; cada ejercicio proporcionado invita a que los alumnos afronten de manera empática su propia capacidad de logro.

Asimismo, podemos percatarnos cómo se van hilando y entrelazando las áreas del aprendizaje colaborativo en los alumnos en su propio proceso de aprendizaje. En cada capítulo vamos a poder detectar la elaboración que realiza cada protagonista, desde el que comparte todo el esfuerzo visual perceptual que debe realizar para identificar los signos, hasta el que solo necesitaba platicar y compartir sus narraciones emocionales.

En suma, es una recopilación que vale la pena leer, disfrutar y experimentar; considero que la enseñanza de esta escritura taquigráfica permite desplegar en ella interesantes y diversas competencias que pueden ser una palanca para el reforzamiento o la adquisición del aprendizaje; además, cómo se podrá conocer en los casos aquí expuestos, de cómo la intervención y guía de un docente puede impactar y repercutir en la vida de sus alumnos.

Este manuscrito es altamente recomendable, espero disfruten la experiencia.

SILVIA ORTIZ

Introducción

Alguna vez te has preguntado como maestro[1]: ¿hay algo más que pueda hacer para mejorar mi quehacer docente? Seguramente lo has hecho más de una vez, porque sé que los retos que enfrentas son muchos, muy grandes y complejos, pero me parece que el no tener la respuesta exacta a esta pregunta nos pone en una encrucijada que nos obliga a incursionar en nuevas formas de ejercitarnos dentro de la pedagogía.

La historia, las circunstancias, las generaciones, los alumnos y, con ello, sus mentes y formas de pensamiento, cambian; por lo tanto, las condiciones, las necesidades, los requerimientos y los desafíos, también. Estoy convencida que los docentes debemos dar pasos agigantados para poder sortear de manera correcta los avatares que enfrentamos día a día en nuestras aulas.

Te invito a que conozcas mi experiencia docente tras algunos años de servicio en la Secretaría de Educación Pública (SEP), en educación secundaria como docente de Tecnología, en la especialidad de taquimecanografía, que con el tiempo adquirió diferentes nombres hasta llegar a ofimática. En realidad el nombre es relativo, lo que te quiero compartir es la riqueza que aprendí

---

1. Para que la lectura del libro sea más ágil y accesible, he utilizado a lo largo de este, vocablos que aluden a todos los géneros; recordemos que el español es uno de los idiomas más incluyentes del mundo.

de todos mis exalumnos, de quienes tuve el privilegio de ser su maestra y que me enseñaron tanto como los libros que tratan temas educativos.

Mi experiencia está centrada en una exploración de cómo los adolescentes ven y procesan las grafías de los signos que conforman la escritura taquigráfica 'Pitman', la cual posee en su estructura formas ideales que, me parece, son dignas de ser exploradas bajo la óptica de la psicología cognitiva en un intento por aprenderlas. En este proceso de aprendizaje los signos son transformados, toman diversas formas de representación que los estudiantes hacen de ellas; estas viven *traviesas* en un pensamiento activo, dinámico, esperando ser vistas.

Me gustaría que supieras que, aunque esta experiencia docente no es un estudio de casos, sí presento casos reales que tuve la fortuna de vivir con mis exalumnos, en los cuales expongo los dibujos originales de los estudiantes y, para hacer legible al lector esta información, anexo ilustraciones que fueron necesarias crear para complementar la experiencia dada la antigüedad de estas vivencias.

La información que obtuve de los alumnos, a través de sus dibujos, puede aportar una arista del pensamiento de los adolescentes en su intento por aprender estos singulares trazos, que conforman la escritura taquigráfica 'Pitman', especialmente para aquellos docentes que en su haber transmiten contenidos que tienen que ver con el aprendizaje de algún tipo de grafías.

¿Y eso para qué? Pregunta inteligente con la que me topé en diversos momentos a lo largo de mi trayectoria laboral y profesional, que sin advertirlo me llevó a redescubrir y reinventar mi profesión; por ello, con gran entusiasmo, te comparto esta experiencia que tal vez pueda contribuir a tu quehacer docente. Sin embargo, deseo hacer de tu conocimiento que, si bien es cierto que soy la maestra de quien se habla en este libro y estoy presente en todas las historias, encontrarás que la redacción la realizo en tercera persona, ya que con ello pretendo centrar la atención del lector en las conductas de los alumnos.

El presente libro está destinado y dirigido a todos aquellos docentes que están interesados en motivar el aprendizaje en sus alumnos, docentes abiertos a seguir aprendiendo en esta carrera tan maravillosa e inacabada, tan importante y tan decisiva en la formación de la población más necesitada de aprendizajes.

Estudiar, analizar, explorar, conocer y, sobre todo, entender e interpretar la mente del ser humano no solo es y ha sido un enigma para la psicología educativa, centrado más específicamente en la psicología cognitiva, sino además, para todas las ciencias que en su haber la tienen como objeto de estudio; es más, me atrevo a pensar que, si nos maravilla el universo por su majestuosidad indiscutiblemente espectacular, la mente humana es, por mucho, un universo exponencialmente más fascinante, sorprendente e impredecible.

"Solo fallas cuando dejas de intentar"

Albert Einstein

Capítulo 1
Las instrucciones
¿Qué vamos a hacer?

—¡Buenos días, jóvenes! —saludó la maestra a sus alumnos.

—Bu...e...n...ooos díííais. —Un desdibujado saludo se hace presente, pocos alumnos responden.

Es la clase de Tecnología y la primera de la mañana. Los estudiantes de primer grado de secundaria están más ocupados en tomar sus lugares, acomodar su banca, sus útiles, mochilas, loncheras y chamarras; a esta hora no pocos han entrado ya en calor, ordenados y con un poco de silencio.

—¿Cómo están? ¿Listos? ¿Empezamos? —preguntó la maestra, pero nadie contestó.

Esta última continúa y dice:

—Vamos a dar comienzo a la clase del día de hoy, muchachos; hoy toca que veamos tres signos, los cuales tienen en común que todos son descendentes, curvos y delgados —explicó y los muestra en el pizarrón.

Signo	Trazo	Direccionalidad
es	)	)
el	⌣	⌣
er	⌐	⌐

»Estos signos deben trazarse de arriba hacia abajo; si los observan bien, los tres son curvos y delgados. Como pueden observar, jóvenes, los hago en dirección hacia abajo —explicó y lo muestra en el pizarrón.

En seguida, refuerza y dice:

—Donde pongo la punta del gis, bajo para trazar el signo, ¿se entiende? —Se puede observar que al momento que traza los signos, la trayectoria que realiza la maestra es en dirección descendente.

—Maestra, ¿cómo se da cuenta si hicimos el trazo hacia arriba o hacia abajo? —preguntó Marcos.

—Muy buena pregunta, Marcos; solo lo podré saber cuándo el signo forme palabras; así, viéndolo solito, no se sabe, pero es importante que desde este momento lo practiques como lo indico para que cuando escribas palabras sepas trazarlo correctamente —respondió la maestra y continuó con su explicación:

»Ahora bien, vamos a hacer el mismo ejercicio que la clase pasada: les pido que hagan un dibujo libre, es decir, lo que cada quien quiera dibujar; luego, marquen los signos que acabamos de ver; utilicen exclusivamente las líneas que forman su dibujo.

En ese momento, Jorge se levanta de su lugar.

—Jorge, ¿por qué te levantas? —preguntó la maestra.

—Porque necesito sacarle punta a mis colores, maestra, para hacer mi dibujo. —Él le responde, camina y se coloca de pie frente al bote de basura, facilitándole deshacerse de las virutas.

Enseguida, se escucha...

—Maestra, ¿se tiene que utilizar toda la línea del dibujo o solo una parte? —preguntó Sofía.

—Toma solo la parte que te sirve de la línea, Sofía, no tiene que ser toda; lo que sí es muy importante es que coloques con otro color sobre esa línea el signo, para que se note que ahí está, que ya lo lograste identificar; se tiene que reconocer correctamente la forma de los signos sobre las líneas del dibujo —respondió la maestra y agrega:

»En esta ocasión les traje una cartulina ya con mi dibujo hecho para que les sirva de guía, en él están los tres signos que acabamos de ver. Como pueden observar, aquí están representados «es», «el» y «er», los cuales los distingo con un color azul que sobresale del color azul del cielo. ¿Se dan cuenta? —Ella muestra el siguiente dibujo:

Dibujo realizado por la maestra.

—Maestra, ¿cómo le vamos a hacer para colocar los signos en el reglón? —preguntó Andrea.

—En los dibujos no tienen que colocar los signos en ninguna posición del renglón, Andrea. Este ejercicio solo es para que ustedes puedan reconocer la forma exacta que tienen los signos —respondió la maestra a Andrea y prosigue dirigiéndose al grupo.

»Para que yo pueda evaluar sus trabajos, jóvenes, recuerden que deben unir el signo y la sílaba con una pequeña flecha como está aquí en mi dibujo; que se note bien que ustedes ya identificaron el signo en su dibujo y que saben qué sílaba representa; traten de escribir lo mejor posible en español, hagan bien su letra, porque luego no se logra ver bien qué letra es.

—A mí no me gusta dibujar —refunfuñó Karen con voz baja, pero claramente perceptible a manera de queja, con su mirada baja, mientras busca algo en su estuche de lápices que mantiene en sus piernas.

—Es una actividad importante, Karen; es necesario que la realices —respondió la maestra.

—Por eso no escogí el taller de dibujo[2] —prosiguió Karen sensiblemente molesta.

De inmediato, Irvin participa.

—A mí tampoco me gusta dibujar, y no sé, no me salen bien los dibujos.

—Traten de hacer su mejor esfuerzo, muchachos; recuerden que no importa si les sale muy bien o muy bonito, hagan un dibujo

---

2. Los alumnos, dependiendo de la secundaria, tenían la opción de elegir en su materia de Tecnología una especialidad, entre ellas: Dibujo Técnico, Contabilidad, Estructuras Metálicas, Electricidad, Electrónica, Decoración/Diseño de Interiores, Corte y Confección, Cultura de Belleza, Encuadernación, Economía Doméstica, Máquinas y Herramientas, Soldadura, entre otras.

muy sencillo, lo importante es que puedan representar en él los signos —respondió la maestra a ambos jóvenes.

—¿Sencillo? ¿Cómo? ¿Cómo qué? —cuestionó Karen con la misma actitud de incomodidad.

—Piensa en una figura sencilla que puedas hacer, Karen —sugirió la maestra.

—¿Sencilla? —cuestionó Karen.

—¿Qué es lo primero que se te viene a la mente si deseas pensar en una figura sencilla? —preguntó la maestra.

—Pues nada..., no se me ocurre nada —respondió Karen.

—Piensa en algo que no sea complicado, que puedas hacer fácilmente —insistió la maestra.

—Mmmmmm..., tal vez...

Karen piensa por unos breves segundos y responde.

—Pues... No sé, no sé... Se me ocurre hacer una carita feliz... —respondió con desánimo, acompañada de una mueca.

—¡Excelente! Muy buena idea, Karen; en una carita feliz sí puedes representar los tres signos que acabamos de ver. Mira, la vamos a dibujar en el pizarrón y verás...

—No, no, no, yo la hago en mi dibujo, de lo contrario, los demás me van a robar la idea —interrumpió Karen rápidamente.

—¿Y yo qué hago? —preguntó Irvin.

Alguien por ahí lanza al aire...

—Pues ahora tú dibuja la carita triste, ja, ja, ja... —Se escuchan unas risas.

—Esto parece un juego —dijo Daniela.

—Sí, tómenlo como un juego, jóvenes, en el que podemos aprender para que no se estresen y puedan tener más y mejores ideas; y aunque no lo crean, también en una carita triste podemos representar estos tres signos —aclaró la maestra y prosigue.

»Recuerden, muchachos, que no deben rotar su hoja, su dibujo, es decir, no deben girar la hoja; como ustedes decidan usar su hoja de papel, ya sea de manera vertical u horizontal, se deberán leer los signos correctamente, porque si ustedes rotan la hoja, el signo cambia.

—¿Cómo rotar la hoja? —preguntó María.

—Les voy a poner un ejemplo, María, observen —respondió la profesora.

La maestra toma una hoja blanca tamaño carta y en ella escribe en posición vertical el signo «**Te**», lo muestra y pregunta:

—¿Qué signo es?

Los alumnos responden:

—«**Te**».

—¡Exacto! —respondió la maestra—. Al mismo tiempo, ella rota esta misma hoja, la coloca ahora de manera horizontal y pregunta nuevamente:

—¿Ahora qué signo es?

—La «**Que**» —respondieron los niños

—¡Excelente! Se dieron cuenta que, si yo roto la hoja, ¿el signo cambia?

Signo «Te»	Signo «Que»

—¿Se entendió, María? —preguntó la maestra.

—O sea que no se debe mover la hoja, ¿verdad?

—La pueden mover para trabajar, dibujar y escribir, pero los signos se deben leer muy bien en la forma que los presenten, ¿vale? —aclaró la maestra a su alumna.

—Sí, ya le entendí —corroboró María.

—¿Dudas, jóvenes? —preguntó la maestra.

No hay preguntas, solo silencio; ella prosigue.

—Bien, pues manos a la obra. Ya saben que, si necesitan consultar su libro, apuntes, acordeón, los pueden usar, o el mismo dibujo que les traje en esta cartulina... Aquí lo voy a pegar para que quede a la vista de todos.

En seguida, lo pega al lado del pizarrón y prosigue[3].

Alfabeto de la escritura taquigráfica Pitman

Signos descendentes (de arriba hacia abajo)

te		de			
pe		be			
che		je-ge			
fe		ve			

es					el			er			

Signos ascendentes (de abajo hacia arriba)

le		lle			
re		rre			

Signos horizontales (de izquierda a derecha)

me					
ne		ñe			
que		gue			

—También pueden ocupar los signos que están en el pizarrón, no vamos a borrarlos para que les sea de utilidad y puedan hacer bien su trabajo. ¿Está claro? —preguntó la maestra.

___

3. El acordeón es un pequeño apunte que resume lo más sobresaliente de un tema; se hace para estudiar la información más destacada, especialmente aquella que puede venir en un examen. Para la materia de Taquigrafía, son pequeñas tarjetas en las que se muestra el alfabeto taquigráfico.

—Pus dos tres. —Se escuchó por ahí...

—¿Qué dudas hay? —interrogó la maestra, pero nadie contestó. Tras unos segundos, ella agrega:

—No olviden poner nombre a su dibujo, jóvenes. —Al mismo tiempo, dirige su mirada a Jorge, que aún permanece de pie sacando punta a sus colores.

—Jorge, puedes empezar con la tarea, ya llevas rato ahí.

—Sí, ya mero, maestra, ya casi termino —respondió.

En ese momento, Karen se levanta de su lugar, le muestra a la maestra su carita feliz y le pregunta:

—¿Así está bien?

—Bien, Karen, vas bien..., solo falta algo —mencionó la maestra.

—Sí, me equivoqué, por eso borré.

—No me refiero a los errores que has corregido, sino que falta un signo —le explicó—. Lograste poner muy bien las sílabas «**er**» y «**el**», solo falta uno: la «**es**».

—¡Oh, sí!, pero ese ya no se puede poner —afirmó Karen.

—¿Por qué? —cuestionó la maestra.

—Porque ya no hay dónde ponerlo.

—¿Y qué podemos hacer para ponerlo? —indagó la maestra.

—Pues ya nada, porque la carita ya está completa —expresó Karen.

—Bueno, tal vez podamos ponerle algo más, ¿no crees?

—¿Cómo qué?

—¿Qué se te ocurre? —Le dice la maestra.

—Pues ya nada —insistió la alumna. —¿Estás segura? —cuestionó nuevamente la maestra.

Monserrat, amiga de Karen, se hallaba sentada cerca al lugar de la conversación y, muy atenta, escuchó todo. De inmediato, sugiere:

—Tal vez le puedas poner un sombrero o un moño, ¿no?

—No. Sombrero, no, porque ya le puse cabellos... ¡Ah, ya sé!, le voy a poner unas manos como que está saludando —dijo Karen y decidida se va a su lugar para terminarlo.

En tanto la maestra atiende a otros alumnos que la han rodeado para mostrarle sus trabajos y preguntarle qué tal van quedando sus dibujos, se escucha que Irvin exclama en voz alta:

—¡¡¡Ya casi termino mi carita triste!!!

—Ahora sí, ya lo terminé —mencionó Karen, acercándose a la maestra nuevamente junto a otros de sus compañeritos que buscan conocer el progreso de su trabajo.

»¿Cómo me quedó? —preguntó Karen.

—Te quedó muy bien —contestó la maestra.

—A ver..., déjame verlo —solicitó Monserrat, que ya se encontraba al lado de su maestra para conocer la opinión de su trabajo—. Karen se lo muestra.

—¡Oh, síí, te quedó bonito! Tuviste que agregarle la mano para el signo que te faltaba, ¿verdad?

—Sí, ya era más fácil —respondió Karen.

—Yo ahí voy con mi carita triste —dijo Irvin—. Ya solo le pongo mi nombre y se los dejo ver —agregó.

Casi al instante, Irvin lo muestra en alto desde su lugar y exclama:

—Ahora sí ya lo acabé. ¡Miren mi carita triste! ¿Cómo me quedó?

—Jóvenes, ¿ya se dieron cuenta que en dibujos muy sencillos podemos encontrar los signos? —pronunció la maestra para todos, pero nadie responde.

—¡Jorge! ¿Aún estás ahí, ya puedes empezar el trabajo que pedí? —cuestionó la maestra.

—Ya, ya acabé —respondió Jorge mientras se acomoda el pantalón y se lo sube un poco de su lado izquierdo—. Luego, se dirige a su lugar y en el trayecto pregunta:

»¿Qué vamos a hacer?

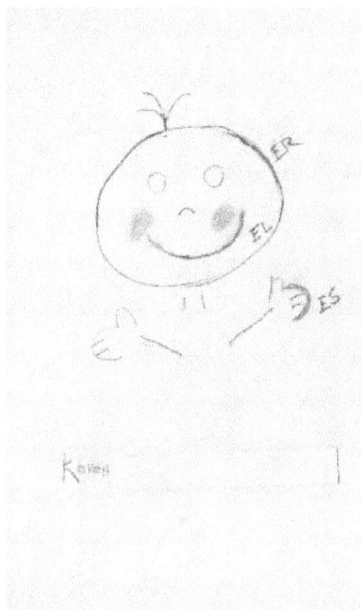

"El verdadero signo de la inteligencia no es el conocimiento, sino la imaginación"

Albert Einstein

Capítulo 2
Gibran, el Robot
que le cambió la vida

Es una fría mañana de enero, la maestra inicia la explicación para pedir a los alumnos de primer grado de secundaria que en esta ocasión realicen su dibujo representando los veinte signos del alfabeto taquigráfico.

—Jóvenes, el día de hoy vamos a representar todos los signos del alfabeto taquigráfico

—¡Saaaaanto Cristooooo! —exclamó Rita.

—¿Tooooodos? —cuestionó Matías.

—Muchachos, ya los vimos, es solo repaso —respondió la maestra.

—¡Pero maestra, son muchos! —vociferó Jeny.

—Traten de hacer el esfuerzo por lograrlo, jóvenes —replicó la maestra.

—Pero maestra, son veinte —expresó Dana.

—Hoy tenemos módulo de dos horas, jóvenes; si se dedican a realizarlo con empeño, estoy segura que lo pueden lograr —dijo la maestra y agrega:

»Además, les traigo un ejemplo para que tengan más ideas: ¿recuerdan que la clase pasada me preguntaban si tenían que dibujar forzosamente un paisaje y en él representar todos los signos? ¿Lo recuerdan? —Nadie contesta, solo la miran y ella continúa.

»Bueno, no necesariamente, puede ser un dibujo con varias figuras y estas no tienen que formar un paisaje; para ello, les traigo un dibujo como ejemplo. —Ella desdobla un pliego de papel bond, muestra su dibujo y se dirige a Mariana.

—Mariana, me puedes hacer el favor de ayudar para que...

Mariana, sentada frente a ella e infiriendo la petición, se pone de pie y la ayuda antes de que termine de hacerle la petición. La señorita, de frente a sus compañeros, lo toma con ambas manos —tanto de arriba como de abajo—, estira sus brazos y lo muestra al grupo.

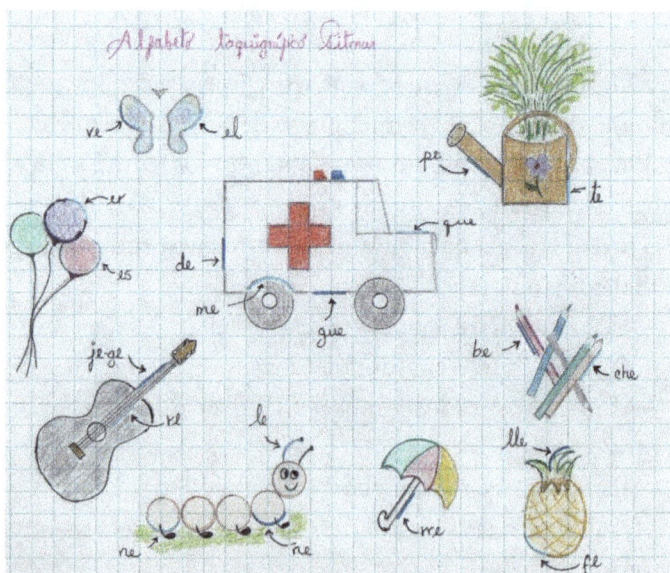

Dibujo realizado por la maestra

—¿Se dan cuenta que este no es un paisaje y están todos los signos? —afirmó la maestra y continúa—. Si observan bien, entre los dibujos no hay ninguna relación, son imágenes completamente aisladas; ustedes pueden hacer algo similar, solo que no sean las mismas figuras que estas, muchachos. ¿Se entiende?

—Pues así está más fácil, yo creía que a fuerza era un paisaje —dijo Moisés.

—¿Y por qué hasta ahorita nos dice? —interrogó Angélica, molesta.

—Jóvenes, yo siempre les he dicho que pueden dibujar lo que quieran, se trata de hacer dibujos libres —respondió la maestra.

—Sí, pero esto no nos lo había explicado así —dijo Angélica.

—Lo importante es que ya lo saben, así tienen más ideas y posibilidades de representar todo el alfabeto, lo vamos a pegar en el pizarrón para que les sirva de acordeón y tengan los signos a la vista —expresó la maestra.

Los alumnos tratan de satisfacer la demanda que les ha pedido haciendo su mejor esfuerzo por entregar bien su dibujo y se les puede ver aplicados en la actividad. Esto le da oportunidad a ella de acercarse a sus alumnos, busca un dibujo entre algunos que ya tiene identificado y se dirige al lugar donde está Gibran, toma una banca libre justo cerca de él, ligeramente la arrastra para sentarse a su lado y le saluda.

—¡Hola, Gibran!

—¡Hola, maestra!

Gibran es un adolescente alegre, entusiasta, desinhibido; siempre se muestra dedicado y con buen ánimo para iniciar la tarea del día, aunque en ocasiones se une con sus compañeros para armar la fiesta en clase y unirse al relajo con ellos.

—Estuve revisando tu dibujo de la clase pasada —comentó la maestra.

—¡A poco no me quedó chido mi robot, maestra! —exclamó, al mismo tiempo que, con orgullo, hace el clásico chiflido que anuncia éxito.

—Sí, la verdad si está muy bien hecho —corroboró la profesora.

—Cuando sea grande, voy a ser ingeniero en robótica, chavos —pronunció al aire, con la intención de que todos lo escucharan, pues lo decía muy seguro, decidido a cumplir su sueño.

—Estoy segura que lo vas a lograr, Gibran —persuadió la maestra.

En ese momento, Gibran guiñe y a la par hace con la boca un pequeño tronido.

—Solo tenemos que hacer unas pequeñas aclaraciones sobre los signos —comentó la educadora.

—¡Ah, eso sí, maestra..., pa' qué le voy a mentir! Esos sí no me salen bien —manifestó Gibran.

—En realidad en lo que tenemos que trabajar es en la manera cómo los estás viendo y representando, necesito que los observes bien.

Gibran, obediente, mira a su robot y pregunta:

—¿Qué está mal, maestra?

—¿Qué observas en los signos «**re**», «**rre**», «**le**» y «**lle**?» Y también en la «**ra**» y «**ja**», pero como esos están formando una palabra, podemos dejarla al final; empezamos por lo más sencillo, que son los signos.

—Sí, sí, no todos, maestra, deme chance, ve que apenas me los estoy aprendiendo.

Gibran toma su dibujo de la mano de la maestra, lo coloca sobre su pupitre, lo mira con atención por unos segundos y expresa:

—¿Me deja ver mi acordeón?

—Sí, por supuesto —respondió ella.

Alfabeto taquigráfico

Signos descendentes	Signos ascendentes	Signos horizontales
te _____ de _____	le _____ lle _____	me _____
pe _____ be _____	re _____ rre _____	ne _____ ñe _____
che _____ je-ge _____		que _____ gue _____
fe _____ ve _____		
es _____ el _____		
er _____		

—Yo, sin mi acordeón[4], soy hombre al agua, chavos —expresó con voz clara y muy convencido mientras se agachaba para sacar de su mochila puesta en el piso un cuaderno que al sacar lo hojea para buscarlo, lo localiza casi inmediatamente, pone el acordeón al lado de su dibujo y susurra...

»A ver, vamos a ver..., vamos a ver... Mmmmmm, pues está bien, ¿no, maestra? Como le digo, los signos aún no me salen bien..., me salen un poco chuecos.

—Bueno, eso lo podemos ir corrigiendo poco a poco con la práctica, Gibran; en lo que me gustaría que centraras tu atención es en la manera cómo los estás representando —enfatizó.

—Con eso de que todos se parecen mucho..., todos se confunden —pronunció Gibran.

—¿Te parece que se confunden? —preguntó la maestra.

—Sí, sí, definitivamente sí, maestra, todos son muy parecidos. ¿Usted cómo le hizo para no confundirlos?

«¡Qué buena pregunta!», pensó ella; posiblemente estamos en

---

4. **Acordeón.** Pequeñas tarjetas que elaboran los alumnos con los datos más sobresalientes de una materia. Por ejemplo: fórmulas de matemáticas, tabla de elementos químicos. Aquí, muestra los signos del alfabeto taquigráfico.

lo que Vigotsky[5] llama '*Zona de Desarrollo Próximo*'. ¿Qué puedo hacer para acercarlo a este nuevo conocimiento?

—Esa pregunta es muy inteligente, Gibran —mencionó la profesora.

—Le digo, maestra, que yo voy a ser ingeniero, solo que no me pregunten los signos de la taquigrafía, porque ahí sí que me van a tronar como ejote.

—¿Tú crees?

—Sí, sí, por supuesto; pues ya estamos en enero y no más no se me graban, se me confunden mucho y es que la verdad todos son igualitos, maestra. ¿A poco no, chavos? —lanzó nuevamente la pregunta al aire.

—Bien, vamos a tratar de descubrir las diferencias que hay entre ellos, ¿te parece? —propuso ella a Gibran—. Él, animado, contesta:

—A ver si eso me interesa, vamos a buscarlas.

—¿Con qué signo quieres que comencemos?

—Mmmmm..., por la «**re**».

—Muy bien. ¿Cómo lo ves con respecto al que está en tu acordeón?

Por unos segundos lo mira y responde:

—Pues yo lo veo bien, está igual que en mi acordeón.

—¿Estás seguro?¿Me lo puedes señalar? —indicó ella.

Gibran señala con su dedo índice el ojo derecho[6] de su robot. Luego, la maestra hace una nueva petición:

—Ahora señálame, por favor, el signo «**re**» de tu acordeón.

Él lo señala correctamente.

—¿Son iguales? —preguntó ella.

—Mmm, pues yo los veo igual... ¡Ahhh, no!, creo que no, espéreme —respondió el alumno.

---

5. También se puede encontrar escrito: Vygostki , Vygostky, Vigostki.

6. A nuestra vista está localizado a la izquierda.

—¿Cómo los ves? —preguntó la maestra tras unos segundos.

—¡Aaaahhh, qué wey, está al revés! —respondió Gibran.

De la nada, se escucha:

—Maestra, ¿verdad que no se deben decir groserías?

—¡Ohhh! En vez de que me soplen, están de chivitos; lo puse al revés, chavos. ¿Por qué no me dicen? —aseveró Gibran y continúa—. Sí, sí, aquí está..., lo puedo ver..., está al revés.

—Así como lo pusiste, ¿qué signo es, Gibran? —preguntó la maestra.

—A ver, deme chance de buscarlo... Mmmmm, es la «**pe**». ¡Oh, sí!, es la «**pe**» —respondió Gibran.

—Efectivamente, ya te diste cuenta que... ¿Es otro signo?

—¡Sííí! A ver, maestra, ayúdeme con los otros signos... ¿Cuáles me dijo que están mal?

—Trata de identificarlos..., obsérvalos bien —aclaró la docente.

—Aquí el chiste de todo esto es saber observar bien, chavos —pronunció Gibran mientras observa su dibujo muy concentrado y continúa:

»La «**lle**» también está mal, ¿verdad?

—Tienes dos. ¿Cuál de las dos es la que está mal? Una sí está bien —dijo ella y, tras unos segundos de observación, Gibran responde:

—Esta es la buena, la de mi derecha. —Ella le sonríe y le expresa:

—Es correcto, Gibran. ¿Ya ves cómo sí puedes ver las diferencias entre los signos? Trata de identificar los otros errores que hay aquí en tu dibujo con calmita, me los puedes comentar antes de que termine la clase y me regresas tu dibujo, por favor. —Ella se levanta de la banca, y mientras camina hacia el pizarrón, Gibran expresa:

—Como les digo, chavos, aquí lo importante es saber observarlos muy bien, esa es la clave de todo —pronunció fuerte, muy contento de haber encontrado la llave del éxito y agrega—. Ahora sí, maestra, cuando esté estudiando ingeniería, que los *teachers* me pregunten los signos de la taquigrafía. —Se le puede ver muy seguro con los brazos en alto, en señal de triunfo.

Signo	Trazo	Direccionalidad
re	/	↗
le	⌐	⌐→
lle	(	↗
je	/	↙

Estos signos son los que se trabajaron para esta narración.

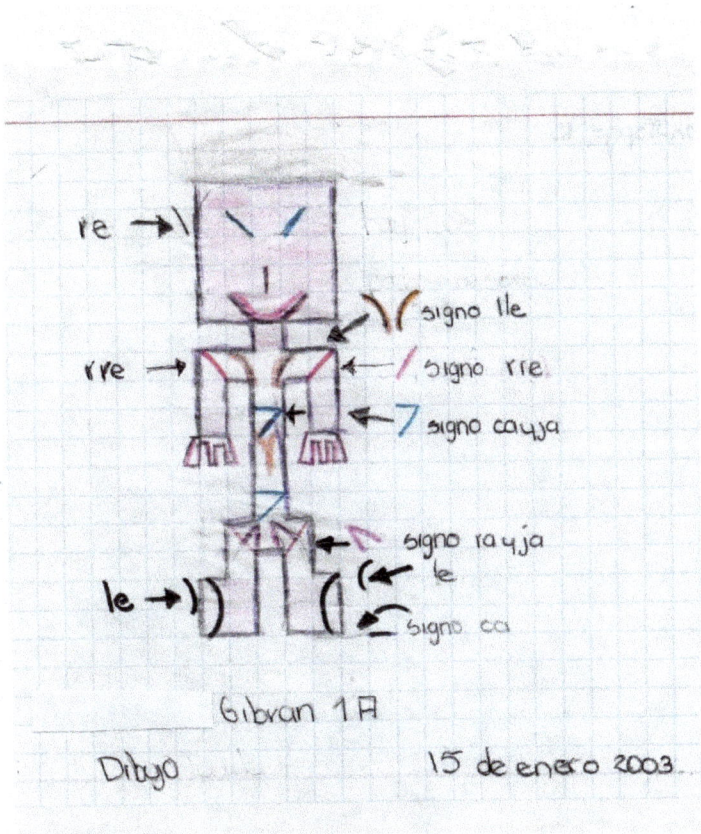

Dibujo realizado por Gibran.

"No escuches a la persona que tiene las respuestas; escucha a la persona que tiene las preguntas"

ALBERT EINSTEIN

Capítulo 3
Jhovany."(…) hasta me preguntaron si todavía existía esa cosa"

La maestra llega a la puerta del salón y se dispone a entrar para dar inicio a la clase. En ese momento se escucha desde el fondo del aula a Sebastián preguntar fuerte y claro:

—Maestra, ¿nos va a dejar otro dibujo?

—Sí, jóvenes —respondió ella.

Al instante, Jhovany, que está al lado de ella, exclama:

—¡Ahhh, maestraaa! ¡Nooo, dibujos ya nooo!

—¡Buenos días, muchachos! ¿Cómo están? —saludó la maestra, quien se dirige al escritorio—. Jhovany la sigue muy de cerca.

—Enojados, maestra. ¿Cómo quiere que estemos? Enojados, ya son muchos dibujos…, hasta parece clase de Dibujo —dijo el alumno.

—¿No te gusta dibujar, Jhovany? —preguntó, fingiendo ignorarlo.

—No, maestra; ¡nooo! Ya hasta sueño con sus piii… dibujos —contestó Jhovany.

—Iba a decir una grosería, maestra; ¡regáñelo! —Se escuchó por allá atrás del salón.

—¡Pero no la dije gallina! —respondió Jhovany rápidamente, fuerte y muy molesto.

—Tranquilos, jóvenes —dijo la maestra.

—Pues maeeestraaa, ¡ya pááárele, por favor! —insistió Jhovany con su negativa.

—Por cierto, Jhovany, me gustaría que viéramos el trabajo de tu último dibujo.

Dibujo hecho por Jhovany.

—¡Ahhh, nooo, maeeestraaa! Le digo que no me gusta ni dibujar, ni su materia, ni la taquigrafía —exclamó, manoteando, dándose ligeras palmadas en la cabeza y en las piernas, con aire de hartazgo—. Se le puede ver visiblemente fastidiado y en una situación incómoda.

—¿No te gusta el taller, Jhovany? —preguntó la maestra, sabiendo la respuesta.

—¡No, no me gusta nada y meeenos la taquigrafía! Me metieron a este taller porque no había lugar en otro. —expresó, fuerte y muy convencido acentuando el tono en la palabra otro.

—¿Tampoco la taquigrafía?

—¡Nooo, maeeestraaa. ¿Le digo algo y no se enoja?

La profesora asienta la cabeza con un ligero parpadeo, mientras ambos terminan su recorrido al escritorio en el que ella coloca su bolso y sus libretas.

—La verdad, la verdad, maestra: ¿y eso para qué? Eso ya no se usa, ya estamos en la era de la modernidad; ¡la taquigrafía ya no sirve! Es la verdad, maestra... No se enoje, ¡es neta!

—¿Tú crees, Jhovany?

—¡¡¡Sííí!!! Por supuesto, no lo dudo ni tantito —expresó juntando sus dedos pulgar e índice derechos, acompañado de un pequeño guiño—. ¡¡¡*Tantito!!!* —dijo y continuó.

»Ya hay computadoras, grabadoras, celulares que graban las pláticas... Entonces, qué chiste tiene que aprendamos esa taquigrafía; además, es muy difícil, hasta mis primos me preguntaron si todavía existía esa cosa.

—¿Y qué les respondiste, Jhovany?

—Pues que sí..., hasta me pidieron que les escribiera su nombre.

—¿Se los pudiste escribir?

—Obvio que nooo, maestra; si no me puedo aprender los signos..., ¿usted cree que les voy a escribir sus nombres?

La maestra recordó que tal vez Ausubel, con su *aprendizaje significativo*, la podría sacar de este apuro, tenía que resolver este desánimo y disgusto de su alumno por su materia, aunado a que todos escuchaban sus quejas.

—Pues si tú quieres yo te puedo ayudar a que los escribas. ¿Cómo se llaman? —interrogó la maestra.

—Uno, Patricio, le decimos «Pato»; y el otro, Miguel, pero pa' los cuates es 'Miky'.

—'Pato' y 'Miky'..., ya los puedes escribir, Jhovany. ¿No te gustaría escribirlos, para que los sorprendas? —propuso la maestra.

—Pueees... —Jhovany, dudoso, no sabe qué contestar.

—Anda, ve sacando tu acordeón o libro; mientras tanto, yo voy buscando tu dibujo —dijo la maestra, al mismo tiempo que les pide a los alumnos que tomen su lugar para empezar a dar las instrucciones que corresponden a la clase de este día, en la que deberán representar en su dibujo los veinte signos del alfabeto taquigráfico[1].

Una vez que están dadas las instrucciones y todos aplicados a la actividad, Jhovany regresa con la maestra, quien permanece al lado del pizarrón y de pie.

Con su lápiz, cuaderno y acordeón en mano se dirige a ella y le expresa:

—A ver, maestra, aquí está mi acordeón.

Ipso facto, Jhovany se voltea hacia sus compañeros y pronuncia fuerte.

—¿Quién quiere venir para que me ayude? Se puede, ¿verdad, maestra?

—Sí, claro que sí; incluso vamos a escribirlos aquí en el pizarrón para que quien quiera los pueda escribir, ver y aprender —aclaró la docente.

De inmediato, 'Beto' y 'Lalo', amigos de Jhovany, dicen:

—No te vamos a dejar solo, «brother»; sí, no te vamos a dejar solo.

—¡Eso eeeees! —exclamó Jhovany muy entusiasmado—. Esos sí son amigos, los que no te dejan solo. ¿Cómo ven, valedores? —pronunció, fuerte. —Enseguida, escribe en el pizarrón y, en

1. Alfabeto taquigráfico 'Pitman'.

español «*'Pato' y 'Miky'*», colocando sabiamente a cada palabra su renglón al lado de ellas.

—Muy bien —respondió la maestra—. Solo hay que ver si está bien hecho el acordeón; si no es así, recuerden que no nos sirve —explicó.

—¿Ya me lo revisó, maestra? —indagó Jhovany.

—Déjame verlo —solicitó la maestra.

Después de unos segundos que ella lo observara, menciona:

—Muy bien. ¿Con qué palabra quieren que comencemos?

Al instante, Jhovany interfiere:

Con 'Pato', ya hasta la puse aquí en español —señaló Jhovany con su dedo índice la palabra en el pizarrón, dispuesto a escribirla, con gis en mano y balanceándose.

—¡Excelente! —dijo ella.

De inmediato, les pregunta:

—¿Con qué signo empezamos?

—Con «**pe**» —respondieron los tres.

—¡Exacto! Mira, Jhovany, justo aquí en tu dibujo pusiste de manera correcta el signo de la «**pe**» —aclaró la maestra.

—¿A poco lo puse bien, maestra? —preguntó el alumno muy sorprendido, levantando y echando un poco su cabeza hacia atrás con sus cejas en alto.

—Sí —respondió la docente. —Al tiempo, los tres adolescentes se acercan para observar la «**pe**» del dibujo.

—¿Quién lo quiere empezar a escribir?

—Yo, yo —reiteró Jhovany, quien no deja de balancearse, fija su vista en el pizarrón, apunta con el gis y muy preparado para empezar a escribir, pregunta:

»¿En dónde va del renglón, compadres?

Lalo le responde:

—Arriba, porque la primera vocal es «a», ¿verdad, maestra?

—Es correcto, Lalo.

—Eso sí me lo aprendí bien —dijo Lalo muy orgulloso.

Jhovany continúa mirando fijamente el pizarrón, apuntando con el gis dispuesto a escribir como si fuera a lanzar una flecha y pregunta:

—¿Es para arriba o para abajo? ¿Cómo lo hago?

—Aquí, en mi acordeón, la flechita marca que va para abajo y es delgado —respondió Beto. —Jhovany escribe correctamente el signo «**pa**» y pregunta:

—¿Está bien?

—¿Qué opinan, muchachos? —preguntó la maestra, mientras ellos miran atentos y responden.

—Sí, está bien.

—Es correcto —corroboró la docente.

—Bueno, ya llevamos «**Pa**» ahora pongamos «**to**» para escribir «*Pato*» —pronunció Jhovany—. ¿Cómo es «**to**»? —agregó.

—¿Cómo es «**to**», muchachos? —preguntó la maestra.

Lalo, tomando un trozo de gis, lo escribe en el pizarrón correctamente y pronuncia, seguro:

—Así.

—¿Pero, cómo le hacemos para que sea «**to**» y no «**te**»? —preguntó Jhovany mostrándose muy aplicado.

—¿Lo ponemos cruzando el renglón? —interrogó Lalo.

—No, muchachos. Solo el primer signo de la palabra es el que toma la posición con respecto al renglón. Ya pusieron bien «**Pa**» arriba del renglón, los siguientes signos ya no importa donde queden —explicó la maestra.

—Eso no lo sabía bien, maestra, ahí me confundía mucho —dijo Lalo—. O sea, ¿nada más el primer signo de la palabra es el que vamos a colocar bien en el renglón? —agregó.

—Así es, Lalo, solo el primer signo; los que siguen no importa donde queden —reiteró la maestra.

—¡Ah, pues así es más fácil! —exclamó Lalo.

—¿Y cómo sabemos que es «**to**» y no «**te?**» —preguntó nuevamente Jhovany, quien balaceándose no deja de estar muy atento.

—Por el sentido de las sílabas que forman la palabra y la oración, toda escritura cobra sentido en un contexto; ustedes, al escribir esta palabra, estarán escribiendo... «pata», «paté», «Paty», «Pato», que es la que queremos..., pero también será «pato» [como ave] y «patu», que no nos dice nada. Así pues, por lógica, por el sentido, por la idea del texto, sabrán qué palabra es. ¿Se entiende? —mencionó la maestra.

—Pues más o menos, ahorita lo primero es escribir bien «Pato» —respondió Jhovany.

—Ya que identificaron qué signos son, es importante que unan «**Pa**» y «**to**» para formar la palabra «Pato» —solicitó la maestra a sus alumnos.

—A ver lo escribo y me dicen si está bien... ¿También es para abajo y delgado? —cuestionó Jhovany.

—Mmmmm..., déjame ver, «*brother*» —respondió Beto, que observa los signos cuidadosamente.

En seguida, Lalo se adelanta y pronuncia:

—Sí, también es delgado y se hace hacia abajo como la «**pe**».

—¿Cómo me quedó? —interrogó Jhovany tras realizar el trazo.

—¿Cómo lo ven, muchachos? —preguntó la maestra.

—Un poco chueco, ¿verdad? —pronunció Jhovany observando su propio signo y riéndose de sí mismo.

—Con la práctica se puede ir corrigiendo, Jhovany, lo importante es que ya aprendiste a escribir correctamente el nombre de tu primo «Pato» —dijo la maestra. —Él mira su palabra escrita en taquigrafía, levanta las cejas abriendo ampliamente ambos ojos [muy orgulloso de su logro], escribe en el pizarrón: «*este signo lo hizo Jhovany Ma...s*», señalándolo con una flecha; luego, pone un punto para terminar y levanta solo una ceja.

—Ahora va el nombre de 'Miky' —mencionó Jhovany muy decidido.

—Vamos a poner la «**me**», ¿verdad? —dijo Beto.

—Sí, muy bien —contestó la maestra—. Ese signo sí está en tu dibujo, Jhovany; pusiste muy pocos signos, solo cinco de veinte —explicó.

—¡Ah, maestra!, pues no está fácil, es pensarle mucho... Primero, pensar y pensar para saber qué dibujo voy a hacer; y luego..., hay que buscar que aparezcan los signos... No, no está nada fácil, usted porque ya se los sabe. A ver..., déjeme verlo —respondió Jhovany y mira muy atento su dibujo.

La maestra se da cuenta que Jhovany pudo haber representado todos los signos curvos en los rayos de las ruedas y al menos seis signos rectos en las líneas que dan forma a la figura del camión, sin embargo, él aún no logra identificarlos, los signos aún no están en su esquema mental. Así pues, les pregunta a sus alumnos:

—Muchachos, ¿cómo está el signo «**me**» de Jhovany en su dibujo, comparado con el que tienen en su acordeón o libro?

Tras unos segundos, Beto le dice a Jhovany:

—Pues ese sí que está súper chueco, «*brother*». —Jhovany lanza una carcajada dándose al mismo tiempo unas palmadas en los costados de sus piernas, levantando una de ellas ligeramente. Al mismo tiempo, pregunta:

»Éste quién lo quiere hacer, porque a mí no me sale bien.

Beto toma el gis y pronuncia

—Yo. «**Mi**», «**mi**», «**mi**»... ¿Dónde va, dónde va? —preguntó Beto.

—Tocando el renglón y delgado —contestó Lalo.

—A ver, a ver, delgado y tocando el renglón... ¿Así? —preguntó Beto una vez que lo hace.

—¡Muy bien! —respondió la maestra—. ¿Qué sigue? —agregó.

—«**ki**» —respondieron los tres. —Ella asienta con la

cabeza; los tres jóvenes observan atentos sus materiales. Jhovany pregunta:

—Ese no lo puse en mi dibujo, ¿verdad?

—No, Jhovany, no lo tienes —respondió la maestra.

—Ese no nos la ha enseñado —aludió Lalo.

Jhovany, al ver su acordeón, interfiere y agrega:

—¡Ah, pues por eso no lo puse, maestra! Ese no está aquí.

—¿No se los he enseñado? —preguntó la maestra—. ¿Qué piensas, Beto? —añadió.

—Que tienen razón, porque no está aquí en el acordeón.

—Tampoco está en el libro —adicionó Lalo.

—Bueno, no está «**ky**», pero recuerden que todos los signos pueden combinarse con todas las vocales y que en taquigrafía solo representamos sonidos —explicó la maestra—. ¿La letra «**k**» qué sonido tiene de los signos que ya conocen? —añadió.

Los adolescentes observan cuidadosa y pensativamente sus materiales de apoyo por unos segundos. Lalo contesta:

—¿La «**que**»?

—Muy bien, Lalo; la «**que**» —corroboró la profesora—. ¿Y la «i griega» qué sonido tiene? —añadió.

—la «i normal» —respondió Lalo.

—Muy bien, Lalo; de «i latina»; aquí la «i griega» tiene sonido de la vocal «i».

—¡Bieeeen, compadre! —dijo Jhovany, orgulloso, le da unas palmaditas en la espalda muy entusiasmado con una gran sonrisa.

Así, muy seguro, Lalo traza en el aire con su dedo índice el signo de la «**que**» correctamente. La maestra le sonríe en actitud de afirmación.

—Yo la hago —expresaron al mismo tiempo Beto y Jhovany.

—Yo tengo el gis y yo estoy haciendo la palabra —pronunció Beto.

—Sí, pero me estabas ayudando y ahora toda la quieres hacer tú —respondió Jhovany.

—Para que no discutan... —dijo la maestra.

En ese momento, Beto escribe la palabra e interrumpe.

—¿Así está bien?

—Muy bien, Beto, uniste muy bien los signos —respondió la maestra—. Niños, les decía que para que no discutan, escriban en sus lugares sus nombres, los tres nombres ya los pueden escribir, pueden ayudarse entre ustedes como lo acaban de hacer —añadió.

Mientras los jóvenes van camino a sus lugares, Beto se dirige a ellos.

—Sííí, casi estoy seguro que ya puedo escribir mi nombre.

Al instante, Jhovany exclama.

—¡Mi nombre lleva «**h**» y esa no nos la ha enseñado!

—La «**h**» no tiene sonido, Jhovany, no la tienes que escribir; y para la «**j**», ponte abusado, porque no suena como «**j**» sino como «**lle**».

—¡Ah, órale, esa no me la sabía! —respondió Jhovany sorprendido—. No vaya a borrar el pizarrón, maestra, deje que copie los nombres de mis primos —agregó.

—No vamos a borrar nada, si quieres me los puedes traer para que les dé la última revisada ya que los hayas hecho.

—Sí, sí, maestra, porque quiero escribirles bien sus nombres a mis primos, para que vean que sí se los puedo escribir en «taqui» —pronunció Jhovany satisfecho de su esfuerzo.

Los tres jóvenes se van muy entusiasmados, seguros de poder escribir sus nombres; a su vez, arrastran sus bancas para acercase entre ellos y trabajar en equipo. Tras el ensordecedor ruido por el arrastre de las bancas, la maestra les hace la petición.

—No hagan tanto ruido con las bancas, muchachos; levántelas, por favor.

Palabra	Signo	Direccionalidad
Pato		
Miky		
Beto		
Lalo		
Jhovany		

Se muestra cómo se escriben los nombres aquí narrados.

La siguiente clase, casi una semana después, al entrar al salón, la maestra es sorprendida por Jhovany, quien se le acerca de manera muy rápida y sorpresiva; él le muestra un dibujo prediseñado que lleva en su mano y, al momento que se lo muestra, le dice:

—Mira, maestra, yo ya traje un dibujo hecho para que aquí ponga los signos que nos pida hoy, así ya no pierdo tanto tiempo haciéndolo, ya nada más lo calco.

Al instante, Silvia pronuncia:

—Pero ahora no vamos a hacer dibujo, ¿verdad, maestra? Nos toca que vayamos a computación.

Maricela interviene.

—Sí, hoy bajamos a compu.

—¡Ah, no manchen! —dijo Jhovany—. Tanto trabajo que me costó encontrar mi dibujo —explicó.

—Sí, vamos a hacer dibujo, jóvenes, porque me acaban de avisar que le van a dar mantenimiento a los equipos, así que no vamos a poder ir a computación.

—¡Ah, qué bien! Sííí, tanto trabajo que me costó encontrar esta obra de arte —Jhovany, orgulloso, lo levanta y lo muestra—, para que me salgan con eso. ¿Y vamos a poner otra vez los veinte signos?

—Sí, vamos a poner los veinte signos del alfabeto, Jhovany —respondió la maestra—. ¿Me dejas ver tu dibujo? —solicitó.

—¡Claro, maestra! Todavía lo tengo que calcar, pero ya es más fácil. ¿A poco, no?

—Sí, está muy bien y está padre.

—A ver «brother», déjame verlo —dijo Beto.

Al verlo, este último pronuncia:

—¡Ahhh, está chido! Es de los superhéroes Dragón Ball Z.

—Sííí, es uno de mis personajes favoritos —respondió Jhovany.

—¿O sea que sí podemos traer un dibujo hecho, maestra? —preguntó Beto.

—Sí, sí pueden traerlo.

—¿Y por qué no nos lo había dicho, maestra? —aseveró Beto un poco molesto.

En ese momento, Sergio y Benjamín se acercan a Jhovany y a Beto, ambos le piden ver su dibujo.

—Déjanos ver tu dibujo, Jhovany. —Él se los muestra con orgullo.

—¡Ah, pues nos hubiera dicho, maestra, para traer yo también el mío! —insistió Beto.

Luego, dirigiéndose a Jhovany, dice:

—Yo te ayudo a buscarlos, «brother».

—No, no..., ahora sí me va a dar tiempo de poner todos los signos, ya me voy apurando para que pueda buscarlos todos —respondió Jhovany.

—Fue una buena idea que trajeras tu dibujo, Jhovany —dijo la maestra a su alumno.

—¡Ah, claro, maestra! Yo siempre tengo buenas ideas. ¿Qué no, valedores? —exclamó fuerte y claro, preguntando a todo el grupo.

Los alumnos se muestran aplicados realizando su dibujo, se les puede ver entre pláticas, bostezando, estirándose y levantarse de su lugar para pedir algún material, tratando de cumplir la tarea. Más adelante, suena la chicharra, dando a entender el término de la clase, la maestra les pide a los niños que entreguen su dibujo.

—Jóvenes, entréguenme su dibujo, ya acabó la clase.

Jhovany se levanta de su lugar y se acerca a la maestra para entregar su dibujo. Al tenerla cerca, se dirige a ella.

—Ahora sí me dio tiempo, maestra; casi pongo todos los signos.

—¡Muy bien, Jhovany! Es un buen esfuerzo.

—Mire, puse 1, 2, 3, 4, 5, 6, 7 —Va señalando cada signo dando ligeros golpes al dibujo con su corto lápiz— (...) 8, 9, 10, 11, 12, 13, 14, 15, 16..., ¡17, maestra, 17! ¡No lo puedo creer! —Sonríe y muy orgulloso lo exhibe en alto con su mano derecha. Al terminar, pregunta:

»¿Quién puso más que yo, valedores?

—Pues yo quiero verlo, «*brother*» —dijo Beto acercándose a él—. Pero te faltó poner los gruesos y delgados, ¿no? ¿Verdad, maestra?

—Si los puse, pero en tres colores, porque me empecé a confundir —explicó Jhovany.

—Pues casi no se distinguen —refutó Beto.

—¡Ah, pues es que es pensar muchas cosas al mismo tiempo! —exclamó Jhovany en tono de reclamo—. ¿O no, maestra? —preguntó.

—Sí. Efectivamente, podemos ir trabajando todo esto poco a poco, lo importante es que le vas entendiendo muy bien, Jhovany, y también que estás avanzando —contestó la maestra.

—¡Ah, claro! Algo se me va a ocurrir —respondió Jhovany dirigiendo la mirada a Beto—. Ya ves que yo tengo muy buenas ideas. ¿Qué no, maestra? —agregó, con voz fuerte y muy convencido que podrá resolver el siguiente reto.

Segundo dibujo realizado por Jhovany.

"Es una locura odiar a todas las rosas porque una te pinchó; renunciar a todos tus sueños, porque uno de ellos no se realizó"

Capítulo 4
Gaby y su perrito

"(...) Si está muy difícil aprenderla..., son puras rayitas"

Es una fresca mañana de octubre, ya casi es mediodía y está por iniciar la clase de Tecnología. Los alumnos de primer grado de secundaria aguardan la espera de su clase en el salón, algunos están de pie; otros, sentados, platicando o en silencio. En ocasiones entre clase y clase hay un tiempo para relajarse, tomar un breve descanso y retomar la jornada escolar.

—¡Hola, Jóvenes, cómo están? —Les saluda la maestra de Tecnología al entrar al salón.

—H o l a... —Se logra escuchar un tenue saludo apenas perceptible al final del salón.

—Hoy les traigo un dibujo, muchachos, para que vean que en los objetos que tenemos en nuestra vida cotidiana podemos representar los signos. Además, solo vamos a poner los signos horizontales como los pueden ver aquí. —Ella les muestra su dibujo, lo desenrolla y continúa su explicación. —¿Recuerdan cuántos signos son? —preguntó.

—Cinco —respondió Sara.

—¡Exacto! —dijo la maestra—. Los signos horizontales son solo cinco —reiteró.

—¿Lo puedo pegar yo, maestra? —interrogó Dana.

—Sí, claro —contestó la maestra.

—¿Te puedo ayudar, Dana? —cuestionó Melanie.

—Sí, ayúdame —mencionó Dana, que levantándose rápidamente de su lugar toma del escritorio la cinta adhesiva, la cartulina y se dirige al pizarrón.

—Jóvenes, ¿se dan cuenta que en esta ocasión tenemos signos delgados y gruesos? Les voy a pedir, como en los anteriores dibujos, que utilicen un color suave para los signos delgados y un color más fuerte para los signos gruesos como lo pueden ver aquí en mi dibujo —explicó la maestra.

—¿Cómo verde fuerte y verde claro? —interrogó Alison.

—¡Es correcto! Yo utilicé verde claro para los signos delgados y verde fuerte para los signos gruesos. ¿Se entiende, muchachos? —aseveró la maestra—. También, les traje unas tarjetas para que transcriban los signos. ¿Quién me ayuda a repartirlas? —Estiró el brazo y las ofrece.

—Yo maestra, yooo. —En ese momento se levanta Jessica, estira su mano para tomarlas, las observa atenta y exclama:

—¡Ah, es de animalitos! —Inmediatamente se dispone a repartirlas entre sus compañeros.

—Si te das cuenta, Jessica, se trata de dos ejercicios diferentes; por favor, entrega uno de cada uno a tus compañeros —pidió la maestra a su alumna.

—¡Oh, sí! El otro es de..., es... diferente[1] —mencionó Jessica sonriendo al verlos con más detenimiento.

---

1. Ejercicios solicitados a los alumnos para que los resuelvan. Aquí se muestran resueltos.

—Maestra, ¿podemos colorear los dibujos? —preguntó Nancy al recibir las tarjetas que mira con atención.

—Sí, sí pueden colorearlos, Nancy, pero cuando estén calificadas, recuerden que deben pegarlas en su cuaderno. Vamos a resolverlas como lo hemos venido haciendo: poner en el cuadrito el número que corresponda al signo taquigráfico de acuerdo a lo escrito; el dibujo les puede ayudar para lograr leerlo más fácilmente —expuso la maestra a la joven, seguido de la explicación de la actividad—. ¿Se entendió, jóvenes? —indagó.

—¿Podemos usar nuestro acordeón para resolverlo? —preguntó Santiago.

—Sí, sí podemos, ¿verdad, maestra? Siempre nos deja usarlo —expresó Alison.

—Sí, por supuesto, también pueden utilizar su libro si lo prefieren —aclaró la maestra—. Lo que sí no debemos hacer, jóvenes, es copiar a sus compañeros; háganlo solos, traten de hacer su mejor esfuerzo por resolver el ejercicio, sin copiar; si tienen dudas, acérquense, les puedo explicar —agregó.

—¿Qué hacemos primero: las tarjetas o el dibujo? —preguntó Dora.

—Resuelvan primero las tarjetas y me las van entregando para calificarlas; cuando ya las hayan entregado, comiencen a hacer su dibujo.

—¿Vamos a hacer dibujo y a resolver tarjetas? —preguntó Nadia con cierta molestia.

—Sí, las tarjetas son solo de lectura y hoy tenemos módulo de dos horas, jóvenes; además, los signos que hoy vamos a representar en el dibujo solo son cinco —contestó la maestra.

—¿El dibujo lo hacemos en hoja blanca o de cuaderno? —indagó Camila.

—Como quieran, Camila; pueden usar hoja blanca o una de su cuaderno. —Camila cruza mirada con su amiga, Maira, con quien previamente discutían el tema.

—Maestra, yo digo que es mejor en hoja de cuaderno porque en hoja blanca se complica, ¿no? —propuso Maira.

—¿Se complica, Maira? preguntó la maestra.

—Sí, es más difícil.

—¿Tú crees que es más difícil? —interrogó nuevamente la maestra.

—Sí, porque no tiene los cuadritos y las rayas para que ahí pongamos los signos —argumentó Maira.

—Entonces que hagan cuadernos de círculos también para los signos curvos así como hay de raya y cuadro, ¿no? —dijo Tarso.

—Ja, ja, ja... —Algunos alumnos se ríen.

—Que hagan cuadernos de círculo grande y círculo chico como los de cuadrícula —pronunció Alex.

—Ja, ja, ja... —Otros más ríen.

—Jóvenes, el comentario de Maira es válido; si hacemos el

dibujo en hoja de cuaderno, podemos aprovechar los cuadros para representar los signos rectos... —Maira la interrumpe.

—Sí, yo digo que sí podemos usar hoja blanca, pero es más difícil, creo que es mejor la de cuadro —agregó.

—Como tú quieras, Maira, las dos nos pueden servir; si te es más fácil hacerlo en hoja de cuaderno, está muy bien —aclaró la maestra.

—¿Maestra, este es un panqué? —Carlos, acercándose al pizarrón, señala con su dedo índice la figura que está en el dibujo de ella.

—Sí, ¿no parece? —respondió la maestra.

—Más bien es un panquesote. ¿O no, maestra? —expresó Marco.

—Ja, ja, ja, ja, ja... —Todos se ríen.

—Síí, está muy grandote, ja, ja, ja, ja, ja —comentó Aarón—.

—Ja, ja, ja, ja, ja... —Muchos más ríen.

—También está chueca la mesa —comunicó Enrique.

—¿Ve, maestra? Es mejor la hoja de cuadro —insistió Maira.

—Para la próxima lo haré en un pliego bond cuadriculado, jóvenes, seguro eso me ayudará más, bueno..., para que vean que no tiene que quedar perfecto su dibujo —respondió, aceptando la falla—. Lo importante es que logren identificar correctamente la forma del signo, ¿vale? —aclaró.

Dibujo realizado por la maestra

Mientras los alumnos se aplican a realizar la actividad, la maestra camina entre las bancas de los alumnos. Al llegar al lugar de Gaby, le dice:

—Gaby, no tengo tu dibujo de la clase pasada. Y sí viniste.

—Sí lo hice, maestra, pero ya no se lo di porque lo terminé en mi casa —contestó con un aire de angustia.

—¿Lo traes? —preguntó la maestra.

—Sí —contestó Gaby—. ¿Todavía lo puedo entregar? —preguntó, apenada.

—Sí, por supuesto. —Al instante, Gaby se agacha para buscarlo en su mochila que está en el piso, lo saca de un fólder y se lo entrega.

Dibujo realizado por Gaby.

La maestra lo observa y sonriendo, dice:

—Parece un perro.

—Sí, es mi perrito —corroboró Gaby.

—¿Tienes un perrito, Gaby? —preguntó la maestra.

Gaby asienta y reafirma con una hermosa sonrisa.

—Muy bien, te quedó muy bonito. ¿Y cómo se llama? —interrogó la maestra.

—Whisky.

—Ja, ja, ja, ja, ja. —Algunos jóvenes se ríen.

—¡ah, ah, ah, ah, ah, ah, Whisky! —exclamó Marco riéndose de manera exagerada.

—Ja, ja, ja, ja, ja. ¿Le gusta echarse sus *whiskies* cuando agarra la jarra? —agregó Enrique.

— Ja, ja, ja, ja, ja. —Otros más se ríen...

Al instante, Aarón, levantándose de su lugar, se agacha, coloca su mano derecha en el estómago y, carcajeándose, hace algo parecido a un ataque de risa.

—Síí, cuando se va de farra, se los echa —dijo Carlos, siguiendo con la comedia acompañada de unas risotadas—.

Aarón incrementa la comedia aventándose al piso, que al verlo puedes asegurar que estudiará teatro, no pocos se lo festejan.

Alguien por allá atrás pronuncia...

—Dígale que se levante, maestra, que no sea payaso. —La maestra trata de no darle importancia a este show y mantener la calma, recordó sus clases sobre psicología de la adolescencia [*a veces ellos suelen ser así*].

—Está bonito el nombre de tu perrito, Gaby —dijo la maestra, quien a su vez mira con atención el dibujo—. Bien, vamos a ver tus signos. ¿Qué estás utilizando, libro o acordeón? —añadió.

—Libro —contestó Gaby.

—Vamos a buscar la lección 5, Gaby; por favor, obsérvalos bien y dime si están como en tu libro. —Ella, obediente, abre su libro como se le indica, mira pensativa su dibujo, pero se le puede ver significativamente nerviosa; luego, empieza a llevarse las uñas a la boca, acompañada de un movimiento continuo en su pie izquierdo; realmente se le ve preocupada.

Por su parte, Juan Pablo, que ya se ha levantado efusivo y raudamente de su lugar, acercándose a la maestra, contento, le expresa:

—Maestra, maestra..., a mí me van a regalar un perrito, todavía está cachorrito.

—¿De verdad, Juan Pablo?

—Sí, maestra... —respondió Juan Pablo con una gran sonrisa—. El domingo lo fuimos a ver.

Con un aire de ternura, Juan Pablo muestra la medida del cachorro flexionando sus codos a la altura de su pecho y, extendiendo ligeramente las palmas de sus manos paralelamente, agrega:

—Más o menos está así, aún es muy chiquito, se lo van a regalar a mi papá, pero ya me dijo que me lo va a dar a mí para que yo lo cuide.

—¡Ah, eso está muy bien, Juan Pablo!, porque los perritos sí necesitan muchos cuidados, especialmente cuando están chiquitos.

Por ahí se escucha...

—Pues ahora tú llámalo 'Vino tinto'.

—Ja, ja, ja, ja, ja, ja. —La algarabía se intensifica más, pero ahora se extiende a todo el grupo.

—O 'Tequila', y seguro que se harán cuates para echarse sus chelas —mencionó Enrique con exageradas risas.

— Ja, ja, ja, ja, ja, ja. —Muchos se ríen y festejan la broma. Juan Pablo, dirigiéndose a su maestra, sube una ceja y hace una mueca meneando la cabeza en señal de negación.

—Ja, ja, ja, ja, ja, ja. —Enrique continúa y otros más le siguen la comedia, suelta una risotada llamando mucho la atención—- Sííí, van a agarrar la parranda juntos —añadió.

—Ja, ja, ja, ja, ja, ja. —Se escuchan las risas de varios alumnos.

Aarón, que sigue tirado ahora boca arriba, da manotazos en el piso y con las piernas flexionadas intensifica su comedia. Marco, Enrique y Carlos, que para entonces ya se han levantado de su lugar para «ayudarlo» a levantar del suelo, no hacen más que incrementar aún más el relajo con simuladas carcajadas y movimientos sin coordinación alguna.

—Jóvenes, tranquilos, regresen a sus lugares, por favor —pidió la maestra.

—Vinimos a ayudar a Aarón a levantarse, maestra... Del ataque de risa no se puede parar —respondió Carlos, disimulando cierta dificultad para hablar por «falta» de aire, que no deja de reír.

—Bien, muchachos, ya dejen de estar jugando; por favor, aplíquense a las actividades —solicitó la maestra.

—Maestra, ahora sí dígale a Aarón que ya no siga de payaso.

—Nuevamente se escucha por allá atrás del salón; la maestra evita centrar la atención en esta comedia que han armado los jóvenes para no incentivar la fiesta y dirigiéndose a los estudiantes que tiene cerca, les dice:

—Ya que algunos se levantaron, permítanme acercar a Gaby esta banca que está desocupada.

—Luis, mueve tu banca para que entre la de la maestra

—pronunció Beatriz, y levantándose ligeramente, aún con las rodillas flexionadas, arrastra su banca hacia atrás para recorrerla mientras Luis y Karla hacen lo mismo para dar espacio a la banca que ocupará la maestra.

—¡Gracias, muchachos! —agradeció la maestra—. Los jovencitos que están aquí cerca de nosotras —refiriéndose a ella y a Gaby— pueden ayudarnos para que entre todos identifiquemos los signos en el dibujo de Gaby —concluyó.

—A ver, maestra, déjeme ver el dibujo —dijo Luis inclinándose al dibujo de Gaby.

—Aquí lo voy a poner para que lo podamos ver y entre todos ayudemos a Gaby —dijo la maestra colocándolo sobre el pupitre de esta.

—¡Ah, sí es un perrito, Gaby! —anunció Luis—. Aquí borraste, ¿verdad? —añadió.

—Sí, es que no me salía bien —respondió Gaby.

—Y seguro que la que está jugando básquet eres tú, porque te gusta, ¿verdad? —mencionó Beatriz dirigiéndose a Gaby.

—Sí. —Gaby asienta con una sonrisa.

—Y también por lo güera —complementó Karla.

—Ya veo que tienes la página en tu libro Gaby —comentó la maestra.

—Sí —respondió Gaby.

—Bien, tú vas a usar tu libro; ¿y ustedes qué van a usar, muchachos? —preguntó la maestra.

—Yo voy a usar acordeón, ya me lo revisó y está bien, incluso lo estoy usando para mis tarjetas —comentó Karla.

—También yo —mencionó Luis.

—Yo estoy usando mi libro —agregó Beatriz.

—¿Con qué signo quieres que empecemos, Gaby? —indagó la maestra.

—Maestra, la verdad no le entiendo muy bien a los signos —comentó Gaby un poco preocupada.

—¿No le entiendes, Gaby?

—No, no les entiendo —reiteró Gaby.

—Sí, maestra, la verdad sí es un poco difícil aprender taquigrafía —adicionó Karla con su argumento.

—¿Te parece difícil, Karla? —preguntó la maestra.

—Sí, maestra, la verdad sí —respondió Karla.

—Sí, sí, maestra; si está muy difícil aprender taquigrafía, es que la verdad son puras rayitas —confirmó Beatriz—. Y pues se confunden mucho —concluyó.

—¿Tú que piensas, Luis? —preguntó la maestra.

—Pues sí, maestra; sí están un poco difíciles los signos, porque se confunden mucho y luego hay que tener mucho cuidado de hacerlos unos suavecitos y otros no tan suavecitos.

—¡Ahahahahah, suavecitos! Ja, ja, ja, ja, ja. ¡Suavecitos pus qué esponjas! —pronunció Carlos reavivando el relajo.

—Ja, ja, ja, ja, ja. —Se escuchó en el grupo nuevamente las carcajadas.

—Bueno, lo que quiero decir es que..., cómo decirlo..., es... —Trata de explicar Luis, pero la maestra, al ver la dificultad para hacerlo, agrega:

—Jóvenes, no debemos reírnos de las opiniones de sus compañeros. Luis no está mal, lo que él nos quiere decir, muchachos —refiriéndose a todo el grupo—, es que efectivamente hay signos que tienen un trazo más suave que otros; tiene razón, en taquigrafía se les conoce como trazos delgados y otros como gruesos, pero sí se dan cuenta, Luis tiene una idea muy clara de esta diferencia entre los signos, así que por favor vamos a respetar lo que cada quien quiera opinar, responder o preguntar; si no hablamos, si no preguntamos, si no externamos nuestras dudas, no aprendemos, muchachos —explicó la maestra.

La maestra recuerda a E. Margery con su pedagogía de la pregunta y continúa:

—Este es un buen comienzo, Luis. Podemos empezar por reconocer que estos tres signos que vamos a trabajar en el dibujo de Gaby, que fueron los que trabajamos la clase pasada, justo son delgados. ¿De acuerdo?

—¿No le entiendes a todos los signos, Gaby, o solo a estos tres? —preguntó Beatriz.

Gaby, pensativa, no responde, solo mira su dibujo.

—Porque yo no le entiendo a ninguno —continuó Beatriz—. La verdad, maestra, como dice Luis..., se confunden mucho —puntualizó.

En ese momento, Aarón toma una gran bocanada de respiración para poder retomar la calma ya sentado, pero aún en el piso.

—¿Aarón, Marco, Carlos, Enrique, ya pueden incorporarse a la actividad? Regresen a sus lugares, ya dejen de estar echando relajo —solicitó la maestra.

Aarón baja la intensidad de su desorden, pero aún parece que no recupera la respiración, simula jadear y pronuncia.

—Deme chance, maestra, ya voy... ¡Ahhh, ahora sí estuvo bueno el debraye[2]! —Lo dice un poco agitado; Carlos y Enrique le extienden nuevamente la mano intentando ponerlo de pie, aún sin éxito.

—Bien, vamos a ver... ¿Cómo podemos empezar a identificarlos? —preguntó la maestra.

---

2. Relajo, despapaye, alboroto.

—Pues viéndolos si están igual que en el acordeón —dijo Luis.

—O en el libro —continuó Beatriz.

—Es un buen comienzo, jóvenes. ¿Cómo los ven en comparación con sus materiales? —indagó la maestra.

—Bueno, lo que ya sabemos es que todos son delgados, eso ya está muy claro —reafirmó Luis muy seguro.

—Bien —dijo la maestra—. Tanto los signos de la izquierda como de la derecha..., ¿son «**es**», «**el**» y «**er**»?

—Sí, todos son los mismos —afirmó Luis.

—Karla, Bety, Gaby, ¿ustedes qué opinan? —preguntó la maestra.

—Sí, Gaby los puso bien —aseguró Karla.

—Sí, todos son iguales, están bien —dijo Luis.

—¿Iguales a cuáles, jóvenes? —preguntó la maestra.

—Sííí, este es «**es**» y este también. —Luis señala con su dedo índice ambos signos que se encuentran en la parte superior del dibujo y que da contorno a lo que parecen ser los ojos del perro.

—¿Los dos están bien, los dos son el signo «**es**»? —preguntó la maestra.

—Sí —respondió Luis.

—Señoritas, ¿ustedes qué opinan? —preguntó la maestra.

—Que Luis tiene razón —declaró Karla.

—Sí, están bien... Los dos son «**es**»; estos son «**er**»; y estos, «**el**». —reforzó Beatriz señalando con su dedo índice todos los signos.

—¿Están seguros? —preguntó la maestra—. ¿Les parece si los comparamos con sus materiales? —agregó.

—Pues, sí, maestra, yo sí los veo iguales a mi acordeón —consolidó Luis.

—Déjame verlo, Luis —pidió la maestra. —Él, obediente, se lo da; ella lo observa con atención y le dice a Luis.

»Sí, tu acordeón está bien hecho, Luis.

—Sí, ya me lo había revisado —respondió.

—¿Tú los ves iguales, Luis? —indagó la maestra.

—Mire aquí en mi acordeón, está «es» y está igual. —Él señala ambas.

—Señoritas, ¿ustedes cómo los ven, ambos signos son «es»? —preguntó la maestra señalándolos con su dedo índice.

Ellas ya no contestan, solo se centran en mirar sus materiales de apoyo. La maestra les dice:

—Vamos a compararlos con los signos que tienen en sus acordeones o libros, jóvenes.

—Bueno, son iguales, pero no tan iguales —dijo Luis.

—O sea que sí son iguales, pero al mismo tiempo no son iguales... Ja, ja, ja, ja, ja —fanfarroneó Aarón, que vuelve a reír aunque con menor intensidad.

—Ja, ja, ja. —Y se le unen unos cuantos con sus risas.

—O sea que, aunque son iguales..., ¿no son tan iguales? —pronunció Marco.

—Ja, ja, ja. —Se ríen los jóvenes y Diego pregunta:

—¿Cómo está eso de qué aunque son iguales no son iguales?

—Ja, ja, ja, ja, ja. —Nuevamente se escuchan algunas risas por allá atrás.

—Ahora todos venimos muy simplones. —Alguien por ahí lo expresa.

—O sea, son iguales pero no iguales —repitió Enrique.

—Estamos aprendiendo, jóvenes; recuerden que podemos preguntar, equivocarnos y dudar —expresó la maestra y, dirigiéndose a los jóvenes que más armaron la fiesta, les dice:

—Ya, muchachos, ya les reviso su trabajo, en unos minutos.

—Sí, maestra, es que tuvimos que esperar un rato para que se nos pase el dolor de panza de tanta risa, pero las tarjetas están muy fáciles, yo ahorita se las doy —dijo Marco mientras se acercan algunos alumnos que han terminado de resolver sus tarjetas para entregárselas. Ella las toma y continúa preguntando a los jóvenes.

—¿Los signos de la izquierda y derecha son los mismos?

Gaby, Luis, Karla y Beatriz observan con atención por unos segundos, pero no responden.

Mientras tanto, la maestra piensa: «¿este es el pensamiento del que nos habla J. Piaget, H. Wallon? ¿Qué razonamiento es? ».

—Bueno, son iguales, pero este está al revés —dijo Luis señalando el signo que está a su izquierda.

—¿Entonces son iguales? —les preguntó la maestra.

Ellos guardan silencio por unos segundos mientras observan atentos el dibujo.

—¡Oh, sííí, ya, ya sé... Ya los vi bien; no, no son iguales —comentó Beatriz.

—¿Cómo los ven? —preguntó la maestra.

—Sí, están al revés —respondió Beatriz.

—Bueno, sí están al revés pero son iguales —dijo Luis muy seguro. —En ese momento, la maestra toma el lápiz de Gaby y escribe en su cuaderno, pronunciando:

—Jóvenes, les voy a escribir esta letra. —Ella les escribe una «**b**» y les pregunta:

»¿Qué letra es?

—La «**b**» —respondieron al tiempo.

La maestra les dice

—Muy bien. —Ella escribe al lado de la letra «**b**» la «**d**» y les pregunta:

—¿Y esta qué letra es?

—La **d**».

—¡Muy bien, jóvenes! —indicó la maestra—. ¿Estas dos son la misma letra? —indagó nuevamente,

—No.

—Por estar al revés ya es otra letra, ¿verdad? indicó Karla.

—¡Exacto! —dijo la maestra.

—Oh, sí, ya, ya le entendí: aunque son iguales, no son iguales —dijo Luis.

—Ja, ja, ja, ja, ja. —Gaby, Karla, Beatriz y algunos más ríen.

—No, no, déjenme hablar, lo que les quiero decir es que si se dan cuenta sí son iguales, solo que están al revés. ¿Si me entienden? —dijo Luis tratando de explicar y defenderse.

—Justo esas diferencias hacen que los signos ya no sean iguales, jóvenes —expresó la maestra.

—Entonces, ¿cómo ven los signos aquí? —preguntó la maestra.

—Qué también están al revés —afirmó Gaby en voz baja.

—¿Cuáles? —preguntó la maestra.

—Todos los que están a nuestra izquierda —explicó Gaby.

—Muy bien, Gaby —contestó la maestra.

Fotocopia del dibujo de Gabriela

—Entonces, ¿cuáles son los que sí están bien, muchachos? —preguntó la maestra.

Al mismo tiempo, más jovencitos se le acercan para entregarle tarjetas y algunos dibujos para revisión.

—Sí, los que están a la derecha son los que están bien, ¿verdad? —continuó Gaby.

—Exacto, sí. Efectivamente, Gaby, estos son los que están bien —reafirmó la maestra—. Sin embargo, ¿cómo ven el signo de la sílaba «es» con respecto al que está en su libro o acordeón, muchachos?

La maestra les señala el signo que está arriba del ojo que se puede leer a nuestra derecha, el cual se ha encerrado en un círculo de color verde para que este se pueda identificar claramente. Ellos lo observan con atención.

—Pues como que le debemos quitar un pedacito, ¿no? —dijo Beatriz tras unos segundos de observación y con su dedo índice tapa parte del signo del lado superior[3] al mencionar «esto», el cual se ha remarcado con verde para indicar lo que Bety tapó con su dedo.

—Sí. Efectivamente, Bety, si no le quitamos ese pedacito, puede correr el riesgo de parecer el signo «er» —respondió la maestra—. Otra opción que podemos hacer es bajarlo un poco en la imaginación para que entonces sí sea el signo «es».

Los muchachos escuchan y observan atentos. Ella, nuevamente interviene.

—¿Sí se logra entender, jóvenes? —preguntó la maestra.

—Sí, como que está subido, hay que bajarlo —dijo Gaby, que no quita la mirada en su dibujo.

—¡Exacto! —mencionó la maestra—. ¿Y cómo ven los signos

3. Lo que está remarcado de color verde dentro del círculo del mismo color es lo que Beatriz señala y tapa con su dedo.

que están en el balón de básquet, muchachos? —Ellos observan con atención y Gaby, tomando nuevamente la palabra, afirma:

—Esos sí están bien.

—Le estás entendiendo muy bien —dijo la maestra a Gaby.

—Los signos que están bien son todos los que están a la derecha del perrito; bueno, solo bajando un poquito este —comentó Gaby y señala lo ya explicado.

—¡Excelente! ¡Sí, muy bien! —mencionó la maestra.

—Y eso que dices que no le entiendes, Gaby —dijo Karla.

—Sí, ya vi bien, estos los puse al revés —mencionó Gaby señalando hacia arriba y hacia abajo con su dedo meñique los tres signos del lado izquierdo de la cara del perro y, apenada, sonríe.

—Así es, Gaby. ¿Ves cómo si le entiendes a los signos? —mencionó la maestra.

—¿Puedo volver hacer el dibujo? —preguntó Gaby—. Porque este ya no se puede corregir [*refiriéndose a su dibujo*] —concluyó.

—Sí, claro, lo puedes volver a hacer —respondió la maestra.

—¿Yo también lo puedo volver a hacer? Porque ya vi que también tengo mal mis signos —preguntó Luis.

—Sí, por supuesto, lo puedes volver a hacer. Ahora traten de resolver sus ejercicios mientras voy empezando a calificar las tarjetas que me acaban de dar. ¿Alguien más ya terminó sus tarjetas, para que me las vayan entregando? —indagó la maestra y al mismo tiempo se levanta para retirarse de los jóvenes, quienes aplicados se disponen a seguir trabajando. —Alicia se acerca a la maestra para entregarle sus tarjetas y le pregunta:

—Maestra, ¿me deja entregárselas a mis compañeros? —preguntó, refiriéndose a las tarjetas.

—Sí, Alicia, solo permíteme calificarlas rápidamente, aquí te las voy dejando para que las tomes y las puedas entregar, por favor —respondió ella.

Después de unos segundos, se escucha el timbre que anuncia el fin de la clase y pregunta:

—¿Quién falta de entregar trabajos, ya sea dibujo o tarjetas?

Varios jóvenes se le acercan para hacerle entrega de sus trabajos.

—Yo, maestra —respondió Shanin. —Al entregarle sus tarjetas, la maestra las observa y se da cuenta que no están resueltas, solo coloreadas, así que le dice:

—Pero Shanin, no están resueltas.

—Es que no traje mi acordeón, maestra.

—Ja, ja, ja, ja, ja. —Muchos alumnos se ríen y por allá atrás se escucha...

—¿Hasta ahorita lo dices? ¡Ya se acabó la clase!

—¿Y el dibujo? —preguntó la maestra.

—Pues no le digo que no traigo mi acordeón.

—Ja, ja, ja, ja, ja. —Varios jóvenes ríen.

—¿Ni libro? —cuestionó la maestra.

—No, tampoco.

—Ja, ja, ja, ja, ja. —Se escuchan muchas risas de manera escandalosa. Ante ello, René interviene.

—¿Y por qué hasta ahorita lo dices ya que nos vamos?

—¿O sea que toda la clase echaste la weba? —Por allá atrás se escuchó...

—Ja, ja, ja, ja, ja. —varios intensifican las risas.

—No, bueno: qué cosas, ¿eh? —dijo Dana.

—Me hubieras dicho, Shanin, yo siempre traigo acordeón y libro —dijo la maestra.

—Esta sí que fue la clase de la risa —pronunció Karla.

—Así como está el programa de La casa de la risa..., esta fue 'La clase de la risa' —dijo Luis.

—Ja, ja, ja, ja, ja. —Varios jóvenes ríen.

—Sí, es verdad, esta clase fue de pura risa —dijo Beatriz y varios con una sonrisa afirman moviendo la cabeza en señal de negación.

—Jóvenes, pueden salir a su descanso —dijo la maestra—. Nos vemos en la siguiente clase —finalizó.

Con sus cabellos húmedos por el reciente baño, Gaby, formada casi a mitad de la fila del grupo, inclina ligeramente la cabeza a su derecha para regalarle una hermosa sonrisa a su maestra de Tecnología, quien aguarda frente a la formación de su grupo, esperando la instrucción para avanzarlo al salón. Está por iniciar la primera hora de clases, son cerca de las siete de la mañana, los estudiantes de los tres grados de secundaria y de todos los grupos permanecen en el patio de la escuela, pronto la autoridad dará por micrófono la orden a cada grupo para pedirles ingresar a sus aulas. Ya en el salón, la maestra da las instrucciones para dar inicio a las actividades del día.

—¡Buen día, muchachos! ¿Listos, podemos empezar? —preguntó a los estudiantes.

A ella ya no le sorprende que no hay respuestas, en su brazo izquierdo carga un fajo de hojas tamaño carta con dibujos prediseñados semejantes a los que colorean los niños pequeños.

—Hoy les traje un dibujo para que en él identifiquen los signos —comunicó la maestra a los presentes.

—¿Cómo que nos trajo un dibujo, maestra? ¿Usted los hizo? —preguntó Rodrigo. —En ese momento, se le acercan varios niños que curiosos la rodean.

—A ver, maestra, ¿los podemos ver? —solicitó Carolina.

—¡Ah, están chidos! —exclamó Romeo.

—¡Qué bonitos! No, usted no los hizo, ¿verdad? Son los que venden en la papelería —afirmó Paola.

—Sí, jóvenes, así los compré —respondió la maestra.

—Yo los reparto, maestra; por favor, yo los reparto —insistió Mariana.

Dibujo realizado por una alumna

Dibujo realizado por un alumno

—Sí, tómalos —dijo la maestra, entregándoselos.

—¿Los podemos colorear? —preguntó Daniela.

—No, jóvenes, a estos no les pueden poner color —aclaró la maestra.

—¡Ah, maestra, por favor, déjenos colorearlo! —pidió Zoe.

—No, muchachos —reiteró la maestra.

—¿Por qué, maestra; por qué no podemos colorearlo? —cuestionó Daniela con un poco de molestia.

—Porque se pueden perder los signos. El ejercicio se trata de que puedan identificar los signos —explicó la maestra.

—¡Ah, maestra, por favor déjenos iluminarlo! —insistió Carmen.

—No, jóvenes —declaró la maestra.

—¡Ah, maestra, cómo usted sí colorea los que nos trae! —Por allá se escucha...

—Miren, vamos a hacer lo siguiente: muchachos, resuelvan el ejercicio en este dibujo que se les va a entregar y, cuando terminen, les doy otro para que lo iluminen. Pero primero resuelvan el ejercicio. ¿De acuerdo? —propuso la maestra.

Los alumnos, resignados, ya no insisten en la petición y se van a su lugar con el dibujo que han tomado del fajo, mientras Mariana se dispone a repartirlos al resto del grupo.

—A ver, maestra, ¿cómo,... qué vamos a hacer con el dibujo? —preguntó Miriam al ver el dibujo que le es entregado.

—Deberán identificar los signos en las líneas que forman las figuras del dibujo. Ya saben, jóvenes, utilicen un color suave para los signos delgados y un color grueso para los signos gruesos, por ejemplo azul cielo y azul marino. ¿Se entiende, jóvenes?

—¡Ah, maestra, así está más fácil, los hubiera traído desde hace tiempo! —reclamó Federico.

—¿Qué signos vamos a buscar? —preguntó Melissa.

—Los veinte del alfabeto, muchachos —respondió la maestra.

—¡¿Dios mío, todos?! —exclamó Vania.

—También podemos usar nuestro libro, ¿verdad? —preguntó Sandra.

—Sí, sí pueden usarlo.

—Maestra, si un signo aparece varias veces, ¿lo marcamos en todas? —preguntó Jesús.

—¿Cómo? —cuestionó la maestra.

—Sí, por ejemplo aquí. —Él señala acertadamente con el dedo varias líneas que forman los globos—. Está varias veces la «**me**». ¿Lo marco en todas? —insistió.

—No, con una sola vez que lo identifiques es suficiente —explicó la maestra—. Recuerden que no deben marcar toda la línea, solo lo que corresponde a la forma del signo e igualmente no deben girar la hoja, el dibujo así vertical como se ve correctamente es como ustedes deberán señalar que ahí está el signo.

Se les puede ver a los alumnos muy aplicados y concentrados resolviendo el ejercicio, ocasión que aprovecha Gaby para levantarse de su lugar y acercarse a la maestra para decirle:

—Maestra, aquí está mi dibujo, lo volví a hacer.

—¡Ah, muy bien! A ver, vamos a verlo —dijo la maestra y tras unos segundos observándolo, le dice:

»Te quedó muy bien, Gaby; además, veo que pusiste más signos de los que tenías que poner, ¿verdad? —Gaby asienta con una sonrisa y afirma:

—Sí.

—¡Muy bien, excelente! Veo que sí le vas entendiendo a la taquigrafía, Gaby, porque todos los signos están bien representados; la única observación que pudiéramos hacer es que el signo «**de**» es grueso, pero eso poco a poco lo vamos ir trabajando, ¿vale? —Gaby solo sonríe satisfecha de su esfuerzo y la maestra agrega:

»Bien, entonces este es el que va a contar para tu evaluación, ¿de acuerdo? —Gaby solo asienta sin cambiar su rostro de felicidad, disponiéndose regresar a su lugar.

Dibujo realizado por la alumna Gabriela.

Conforme los estudiantes van terminando de resolver su dibujo prediseñado, lo entregan y reclaman su dibujo para colorear. Como ya es habitual, minutos previos para dar término a la clase, la maestra les pide entregar sus trabajos.

—Jóvenes, ya casi termina la clase, así que, por favor, vayan entregando su dibujo los que aún faltan.

—Maestra, aún no termino de poner todos los signos, pero me puede dar mi dibujo para colorear, por favor, y le prometo que se lo traigo de tarea —dijo Said.

—Lo puedes entregar así como está —respondió la profe.

—No, maestra, ya me faltan pocos, mejor lo termino en mi casa —insistió Said.

—Mira, entrégamelo así como lo tengas y, para la siguiente clase, te lo doy para que lo termines aquí. Puedes tomar tu dibujo para colorear —dijo la maestra y él, obediente, accede.

—¿Yo también, maestra? Y se lo traigo de tarea, por favor —pidió Ailyn.

—Sí, tómalo, pero entrégame tu dibujo como lo tengas —respondió la maestra.

En ese momento se acerca Gaby para entregarle su dibujo. Al momento que la maestra se lo recibe, Gaby le dice:

—No alcancé a poner todos los signos, pero ya le estoy entendiendo más.

—Me da gusto, Gaby —contestó la docente y mira con atención su dibujo—. No veo errores —Continúa mirándolo y en voz baja pronuncia:

»Mmmmmm..., bien..., bien..., ningún error.

Gaby muestra una gran sonrisa. La maestra le dice:

—¡Excelente, muy bien, Gaby! No hay errores, estás avanzando muy rápido.

—Maestra, mis papás me preguntaban qué es lo que quería ser de grande y les decía que no sabía. Ahora, ya sé qué quiero ser.

—¿Ya sabes qué quieres ser, Gaby? —preguntó la maestra.

—Sí —respondió Gaby, que de pie, con pies y manos en posición de descanso, hace un ligero movimiento a su izquierda y derecha sin despegar los pies del piso.

—¿Y qué quieres ser de grande? —indagó la maestra.

—Maestra —respondió Gaby con esa gran sonrisa que la caracteriza.

—¡Oh, wao! —pronunció la maestra admirada, se le puede ver visiblemente feliz y exclama:

»¡Está súper bien, Gaby!

—Sí, pero no de cualquier materia —respondió Gaby sin dejar de moverse y sin dejar de sonreír.

—¿Ah, no? dijo la maestra.

—No —negó Gaby.

—¿De qué materia te gustaría ser? —husmeó la maestra.

—De Taquigrafía —contestó Gaby prolongando su sonrisa que no para de moverse.

—¿De verdad?

—Sí —respondió Gaby, muy convencida.

—¡Oh, wao, sí que estoy doblemente admirada, Gaby! Tengo la seguridad que serás muy buena maestra no solo de Taquigrafía, porque la estás aprendiendo muy muy bien, sino de cualquier otra materia —apreció la maestra.

—Sí, yo misma estoy sorprendida, nunca me lo imaginé... Ahora ya le entiendo muy bien a tooodos los signos —respondió Gaby muy contenta remarcando la palabra «todos», abriendo sus ojos y subiendo las cejas.

—Pues ya viste que es muy fácil y lo mejor es que le estás entendiendo súper bien. —La maestra la anima.

—Sí, además porque quiero enseñarla con los dibujos, así es mucho más divertido —mencionó Gaby.

—¿Es divertido, Gaby? —preguntó la maestra.

—Sí, y ahora con los dibujos para colorear, pues es mejor, porque está más fácil, hasta podemos colorearlo. Bueno..., otro, ya que hayamos terminado.

—¿Te parece que también es más fácil?

—Sí, hasta es más rápido; ahora hasta le puse las flechitas, antes no me daba bien tiempo —expresa Gaby.

—Muy bien, Gaby, vas progresando muy rápido —dijo la maestra al tiempo que va recibiendo los dibujos restantes y entregando aquellos para colorear.

—Sí, ya no se me hace difícil; antes no le entendía nada, absolutamente nada. incluso..., ¿le digo algo? —confesó Gaby, que al preguntar baja la voz como susurrando y deja de moverse.

—Sí, por supuesto —respondió la maestra muy interesada.

—Tampoco me gustaba el taller. Al principio le pedí a mi mamá que me cambiara porque no le entendía nada de nada a la Taquigrafía, pero ahora ya me gusta mucho —expresó Gaby muy contenta.

—¡Qué bien, Gaby! Me da mucho gusto que ahora te guste y sobre todo que estés aprendiendo muy bien Taquigrafía.

—Sí, solo necesito que me la enseñe muy bien para que pueda resolver toooodas las dudas de mis futuros alumnos. —Le hace Gaby su petición, muy segura, con un aire de presunción, subiendo la ceja derecha, al referirse que desea resolver *todas* las dudas y levantando su dedo índice.

—¡Ah, claro que sí, Gaby, con mucho gusto! Además...

—Riiiiiiiiiing. —Se escucha la chicharra que indica el fin de la clase y continúa diciendo:

—¿Ya te diste cuenta que eres muy inteligente?

—Sí —afirmó Gaby con esa tímida y hermosa sonrisa que no deja de dibujar en su rostro.

En ese momento, la maestra empieza a recoger sus cosas, las levanta del escritorio y pronuncia:

—Bien, nos vemos la siguiente clase, Gaby.

Gaby responde:

—¿Me puede dar mi dibujo para colorear?

—¡Oh, sí, Gaby, Perdón! De tanta plática olvidé darte tu dibujo

—Ja, ja, ja. —Ríen ambas.

—Ahora sí nos vemos, Gaby... Nos vemos, jóvenes —expresó la maestra y se aleja del salón.

Dibujo realizado por la alumna Gabriela.

"Solo aquellos que intentan lo absurdo pueden lograr lo imposible"

Albert Einstein

Capítulo 5
Saúl y su equipo de fútbol

"(...) es de la época de nuestras abuelitas"

El recreo ya está próximo, solo falta una clase: Tecnología. Cuatro jóvenes juegan una cascarita de fútbol en el reducido espacio que hay entre la pared donde cuelga el pizarrón y la primera fila de bancas; el balón es una botella de plástico que almacenó agua y que ahora está vacía. Al llegar al salón, la maestra se dirige a los alumnos que cursan su segundo grado de secundaria.

—¡Jóvenes, ya! Por favor, dejen de jugar, pasen a sus lugares.

—Tenemos torneo, maestra; solo estamos haciendo un cáliz[1] —expresó Rubén dando la última patada a su balón.

—Por eso no sacamos el balón, es solo un ensayo, queremos estar listos para el juego —respondió Saúl.

—Aun así, muchachos, el espacio es pequeño, se pueden lastimar o lastimar a alguien —comunicó la maestra.

—Tenemos que ganar, maestra; la vez pasada quedamos empatados —agregó Juan.

---

1. **Cáliz.** Este término es utilizado para señalar que será solo una prueba.

—Sí, maestra; si perdemos o empatamos, ya quedamos eliminados —añadió Saúl, que aplastando la botella con su pie derecho detiene el juego y flexionando la rodilla levanta lo que fue su balón, el cual queda prendido en sus tenis para tomarlo, ligeramente inclinándose con su mano izquierda.

—Les gusta el fútbol, jóvenes —afirmó la maestra mientras se dirige al escritorio.

—¡Síííí! Yo voy a ser como Cristiano Ronaldo, maestra; es portugués, pero juega en el Real Madrid —dijo Saúl dando ligeros golpecillos en su mano izquierda con su desfigurado balón.

—¡Oh, sí, es muy buen jugador! —corroboró ella.

—A mí me gusta David Villa, maestra; es delantero y es muy bueno; fue uno de los mejores goleadores el año pasado en el Mundial, y yo soy delantero —pronunció Rubén.

—¿Es español? —preguntó ella.

—Sí, es español; no es tan famoso como otros, pero es muy bueno para anotar goles —respondió Rubén.

—¡Wao! Veo que conocen mucho de fútbol, muchachos —afirmó la maestra.

Mientras tanto, algunos alumnos, tras estar en la entrada del salón, van tomando sus lugares: unos más permanecen aún en la puerta; otros platican de pie en el lugar del amigo. La maestra, dirigiéndose al grupo, menciona:

—Jóvenes, ¿listos? Vamos a iniciar la clase, tomen sus lugares.

—Y yo soy 'Memo' Ochoa, maestra —dijo Memo, estudiante de baja estatura, grandes ojos, cabello claro y rizado, siempre de buen humor y sonriente.

—¡Oh, qué bien! Pues el nombre ya lo tienes, Memo —mencionó la maestra.

—Ja, ja, ja. —Se escuchan las risas de unos cuantos niños.

—Sí, solo me falta ser famoso, porque sí soy el portero afirmó Memo, orgulloso.

86

—Ja, ja, ja, ja, ja. —Todos ríen.

—¿Eres el portero? —preguntó la maestra.

—¡Ohhhhh! —contestó Memo, gozoso y con un giño.

—Y sí se la rifa, ¿eh?, maestra —dijo Saúl.

—¿Si eres bueno, Memo? —preguntó ella.

—Pues sí, me he aventado mis buenos paradones, maestra; ¿verdad, chavos? —Él responde muy orgulloso.

—Síí; sí, sí, lo que sea sí se la rifa —contestó Juan y al mismo tiempo Saúl y Rubén confirman asentando, subiendo las cejas, una mueca y con grandes ojos.

—¡Qué bien, Memo, te felicito! —aseveró la profe.

—Todos nosotros hacemos muy buen equipo, maestra —afirmó Rubén y se abrazan los cuatro de los hombros muy contentos, sonriendo.

—¿A usted le gusta el «fút», maestra? —preguntó Memo.

—Sí, por supuesto; para mí es el deporte de equipo más bonito del mundo.

—¡Vieeeentos, maestra! —exclamó Saúl—. Ellos celebran la respuesta con pequeños saltos, levantando sus brazos y gritos de júbilo.

—Cuando yo sea famoso, la voy a invitar a mis partidos, maestra —dijo Saúl.

—¡Excelente, Saúl! Claro que sí voy a ir.

—Pues si quiere puede ir al rato al partido, maestra, para que nos eche porras —propuso Memo.

—¿A qué hora es?

—Es a la última hora.

—Sí, sí puedo, muchachos; a esa hora ya terminaron mis clases, me quedaré para verlos jugar.

—¡Súper, qué bien! —exclamaron los jóvenes, sonriendo y muy motivados.

—Mientras llega la hora de su partido, vamos a empezar con la clase —mencionó la maestra.

—¿Hoy nos toca ir al taller de 'Meca'²? —preguntó Ceci mientras bebe agua de su termo.

—No, nos toca 'Taqui'³ aquí en el salón..., ¿verdad, maestra? —mencionó Memo.

—Sí, jóvenes, hoy nos toca trabajar aquí en el salón —corroboró la maestra.

—Entonces, ¿vamos a hacer dibujo? —interrogó Ceci.

—Efectivamente, vamos a hacer dibujo; incluso, hoy les traje uno, así que preparen sus materiales —respondió la maestra—. Vamos a poner los veinte signos del alfabeto taquigráfico como están en este dibujo, solo recuerden hacer un dibujo diferente.

—Yo ya sé qué voy a dibujar: un jugador de fútbol —dijo Saúl, muy decidido, con voz fuerte y clara.

—Es una buena idea; yo también haré mi jugador —expresó Rubén.

—¡Oh, sííí! Yo también dibujaré un futbolista —agregó Memo dirigiéndose a su lugar, motivado.

—Pues entonces también yo haré mi jugador, somos un equipo y yo no me quedo atrás —mencionó Juan.

—Yo entreno fútbol casi toda la semana, maestra, y al mismo tiempo voy a estudiar una carrera cuando termine mi prepa —expresó Saúl, quien toma su lugar en la tercera fila, saca una libreta de su *backpack* que hojea, la abre y coloca en su pupitre—. Mis padres quieren que además del fútbol haga una carrera, porque me dicen que ser futbolista no garantiza mi futuro como una profesión —agregó.

—¿Y tú qué piensas? —preguntó la maestra mientras busca un borrador y una cinta adhesiva de un estuche.

—Pues que en parte tienen razón —respondió Saúl, convencido,

2. Mecanografía.
3. Taquigrafía.

mientras saca una hoja blanca de su fólder, una pluma y un lápiz en mano—. Si quieres ser un gran futbolista, se necesita mucho dinero para que te reciban en un club; y pues estudiar una carrera te da un poco más de seguridad: ser doctor, ingeniero, biólogo, periodista o algo así... te puede ayudar a encontrar más fácilmente trabajo y poderte valer por ti mismo. Yo ya estoy viendo de las materias que llevamos en cuál soy bueno o cuál me gusta más para ver si alguna de ellas estudio como una profesión —explicó.

La maestra, mientras borra lo escrito en el pizarrón, pregunta:

—¿Quién quiere poner la fecha?

Al instante, Susana corre hacia el pizarrón, levanta la mano y dice:

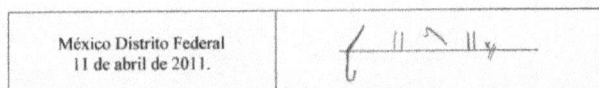

México Distrito Federal 11 de abril de 2011.	⌠ ‖ ⌐ ‖ᵧ

—Yo, yo, yo. —Ella toma el gis del escritorio y la escribe en taquigrafía correctamente en el pizarrón.

—¡Muy bien, Susana! —pronunció la maestra y retoma la conversación con Saúl—. ¿Y ya viste en cuál eres más hábil? —preguntó, al tiempo que, de pie, apoyada en el escritorio, corta la cinta adhesiva para pegar la cartulina que muestra su dibujo.

—Pues de todas las materias que llevamos, en realidad las importantes son pocas; muchas ni las cuento, porque de eso no se puede estudiar nada.

Dibujo hecho por la maestra

—¿Cómo cuáles? —interrogó la maestra.

—Pues, por ejemplo: Artes, Civismo, Taller, *Tecnología*...

Automáticamente, Saúl se da cuenta que con su comentario la puede ofender y expresa rápida y respetuosamente:

—Mmm..., bueno, no quiero que piense que Taller no es importante, pero ni modo, que estudie Mecanografía o Taquigrafía, ¿verdad? No voy a ser secretario.

—Sí, claro —respondió ella, resignada, mientras ajusta su dibujo en el pizarrón.

—Entonces, de las materias que quedan ya son pocas —expresó Saúl—. Soy bueno para la Historia, pero me gusta más la Biología, me gustan mucho los animales; tal vez la Biología sea una buena opción.

—Pues si te gustan los animales, también puedes estudiar Veterinaria, ¿no? —Le sugiere Mateo, que está muy atento y sentado a su lado.

—¿Veterinariaaa? No, es más como Medicina, ¿verdad, maestra? —expresó Saúl.

—Me parece que sí, Saúl.

—No, no me gusta la Medicina, me gusta más como investigar la vida del mar —agregó Saúl.

—Suena muy interesante —dijo la maestra.

—Sííí, me llama mucho la atención —expresó Saúl, al tiempo que se muestra muy aplicado al realizar su dibujo.

La maestra se dirige al grupo, hace algunas recomendaciones propias a la actividad y comenta si alguien tiene algún tipo de inquietud.

—Bien, jóvenes, es importante que no haya dudas, porque la siguiente clase también formaremos palabras y oraciones en donde ya habrán de identificar correctamente los veinte signos del alfabeto, entre otros.

—Yo ya casi me los aprendo, maestra —dijo Liliana, contenta.

—¡Excelente, Liliana, muy bien! —respondió la maestra.

Saúl, levantando su dibujo aún incompleto, expresa:

—Maestra, mire mi dibujo, ¿cómo me está quedando? Me estoy dibujando con mi uniforme de fútbol —dijo con orgullo, aunque aún incompleto, lo muestra en alto, muy orgulloso.

—Muy bien, Saúl —animó la maestra a su estudiante.

—¿De qué equipo es? —preguntó Mateo.

—De Cancún, en la Riviera Maya —respondió—. Solo me falta escribirlo —agregó.

—Ahí no hay equipo de «fút», ¿o sí? —preguntó Daniel.

—No, pero cuando yo sea grande, voy a formar uno; tengo familia allá y a todos mis primos también les gusta mucho el «fút» —respondió Saúl muy decidido.

—¡Oh, sí, está padrísimo Cancún! Yo fui con mi familia el año pasado y está muy muy hermoso —dijo Carol, entusiasmada.

—Sí, es muy bonito, tiene las playas más hermosas del mundo —reafirmó Saúl, muy convencido, mientras colorea su futbolista.

—¿Usted conoce Cancún, maestra? —preguntó Carol.

—Sí, es muy hermoso.

—Es muy visitado, muy turístico, van personas de muchos países —agregó Carol.

—Sí, te encuentras personas de todo el mundo —corroboró Saúl al tiempo que escribe el nombre del equipo en la playera de su jugador.

—Tiene playas maravillosas, son de un color azul padrísimo —continuó Carol mientras colorea su dibujo.

—Sí, es azul turquesa. Cancún va a ser famoso no solo por sus hermosas playas, también por tener el mejor equipo de fútbol del mundo —expresó Saúl muy convencido.

—Yo quiero ser parte del equipo cuando lo formes, Saúl —dijo Rubén, que atento escucha desde su lugar.

—Sí, yo también; y yo —expresaron Memo y Juan, que no por estar a unos cuantos metros de distancia pierden detalle de la conversación.

—Claro que sí —respondió Saúl, que aplicado continúa realizando la actividad.

—Pues ya estamos entrenando desde ahorita —dijo Juan.

—¿Cómo van, jóvenes, ya terminan? —preguntó la maestra interrumpiendo la conversación.

—Ya casi acabo, maestra —contestó Cecilia.

—Sí, yo también —expresó Saira.

—Ya está mi dibujo. ¿Cómo me quedó? —comentó Saúl mientras lo levanta y lo muestra.

—Yo quiero verlo —dijo Memo desde su lugar.

Al instante, este último se levanta para acercase a Saúl y exclama:

—¡Ah, te quedó chido!

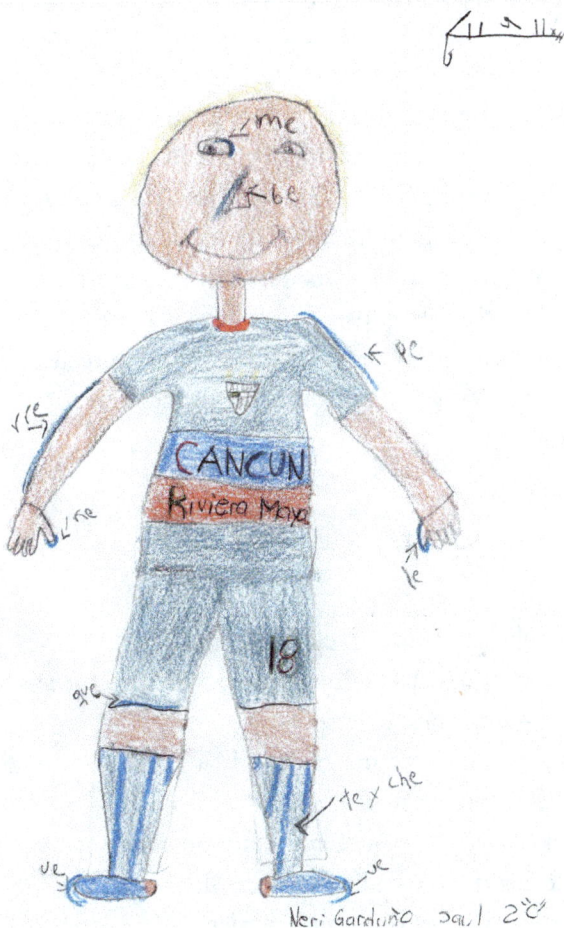

Dibujo hecho por Saúl.

—Maestra, estoy pensando en algo que puede ser de gran novedad para el mundo, será un diseño original que seguro a nadie se le ha ocurrido: poner el nombre del equipo en «Taqui». ¿Suena bien, no? —mencionó Saúl con aire atrevido.

—¡Suena muy bien, Saúl! —contestó la maestra.

—Ese será mi siguiente dibujo, maestra; solo ayúdeme a escribir el nombre en «Taqui» —solicitó Saúl.

—Claro que sí, está muy fácil.

—A ver, dígame de una vez cómo se escribe, aquí en mi cuaderno junto a mi acordeón —expresó Saúl muy decidido a aprender cómo escribir el nombre de su equipo.

—Para Cancún, necesitamos una lección que aún no vemos, pero no hay ningún problema porque está muy muy fácil —dijo la maestra—. Para todas las palabras que empiezan con sonido de *«can, ken, kin»*, *«con y cun»*, utilizamos solo un punto —explicó y realiza varios ejemplos—. Mira, vamos a escribir *«canta, canté y canto»*; cuando tenemos prefijos, la consonante que le sigue toma la posición, ¿vale? —continuó mientras escribe.

canta	cante, canté	canto, cantó

—¡Oh, sí, está muy fácil! —exclamó Saúl.

—Y para la sílaba «cún», ponemos la sílaba **«que»** con gancho **«ene»** —enseñó la maestra.

—¡Ah, caray! Ya me cambió la jugada maestra, ahora sí me quitó el balón —exclamó Saúl.

—Ja, ja, ja, ja, ja. —Memo, que aún continúa de pie a su lado, ríe y le da unas palmaditas en la espalda.

Otros compañeritos también ríen.

—Ja, ja, ja, ja, ja.

—¿Que no son dos puntos para Cancún?, porque hay dos: «can y cún» —opinó Saúl.

—Tu lógica es buena, Saúl, pero para dar estructura a las escrituras, la lógica no funciona, porque todas las escrituras son arbitrarias —explicó la maestra.

—Entonces, ¿cómo queda? —indagó Saúl mientras Memo observa atento, de pie.

—Ponemos la consonante «**que**» y le colocamos gancho «**ene**» —respondió la docente.

—¿Así? —interrogó Saúl.

—Vas bien, solo colócale el gancho «**ene**» a la sílaba «**que**». —Ella lo explica y muestra.

—¡Oh, ya! Pues también está fácil; ¿y ahora cómo va «Riviera»? —preguntó Saúl.

—Esa la puedes escribir con tu acordeón y el chinito[4], porque tenemos un diptongo —comentó la profe.

—¡Ah, sííí, el chinito! Ese está muy fácil y a mí me gusta —manifestó Memo al tiempo que se acercan Rubén y Juan para incorporarse con ellos e intentar escribirla.

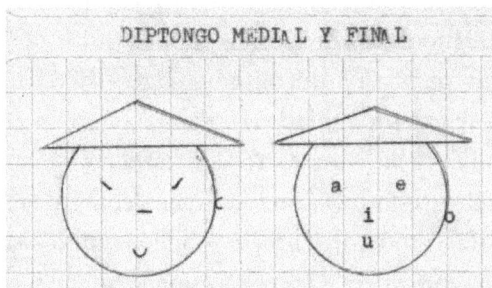

DIPTONGO MEDIAL Y FINAL

—Somos del equipo, ¿o no? Yo la escribo —dijo Rubén—. Ella

---

4. Por su figura, toma este nombre utilizado para representar diptongos en medio y al final de la palabra.

asienta; él, tomando el lápiz de la mano de Saúl, empieza a escribir en el cuaderno de este, la traza de forma correcta y pronuncia:

—Mmm, y para la «e» es el ojo, ¿verdad? —preguntó Rubén.

—¿Cuál de los dos? ¿El que está a tu derecha o izquierda? —pregunto la maestra.

—Mmm, el que está a nuestra derecha —dijo Juan.

—Es correcto, Juan.

—Ponlo, lo demás está muy fácil —dijo Juan a Rubén.

—¿Así está bien? —preguntó Rubén.

—Está bien, jóvenes, les quedó bien —informó la maestra.

—Ya solo nos falta Maya —mencionó Saúl.

—Esa es la palabra más fácil de todas, muchachos, porque esa se escribe con las lecciones de primer grado —atribuyó la maestra.

—Solo con los veinte signos, ¿verdad? —indagó Memo.

—Es correcto, Memo.

—¡Oh, sí! Es de primer año con el acordeón de los veinte signos —exclamó Rubén mientras observa atento el acordeón de Saúl.

—¡Ah, claro! Con el acordeón del alfabeto —enfatizó Saúl.

—¡Exacto! Ahí los van a encontrar, son los que hoy estamos repasando en sus dibujos. Solo recuerden que para la sílaba «**ya**» se utiliza el signo de la «**lle**».

—¡Ah, claro!, porque es el mismo sonido —dijo Rubén—. ¿Así está bien? —preguntó mientras la traza.

—Sí, está muy bien —aseveró la maestra.

—¡Súper! —pronunciaron los jóvenes, contentos.

—Maestra, como que sí hacemos buen equipo —aludió Saúl.

—Sí, eso veo, jóvenes, hacen muy buen equipo —corroboró la maestra y sonríe.

—Pues ya sabemos cómo vamos a escribir el nombre del equipo en la camiseta —afirmó Rubén.

—Ese va a ser mi siguiente dibujo, maestra —expresó Saúl.

—Maestra, ¿por qué todavía se enseña Taquigrafía, si ya está

Cancún	Riviera	Maya

pasada de moda, como lo decía Saúl hace rato? —preguntó Rubén mientras a ella se le borra la sonrisa.

—Sí, maestra, de veras, no es que su materia no sea importante, más bien... no es tan tan importante... —refirió Juan mostrando las palmas de ambas manos y haciendo ligeros movimientos hacia arriba y hacia abajo por cada «tan tan» que decía— (...) como otras, por ejemplo: Matemáticas, Física, Química, etc. —agregó.

—Sí, maestra, ya nadie la usa. Todavía que aprendamos Mecanografía, sí está bien porque esa nos ayuda a escribir bien en la computadora; el teclado es muy parecido al de la máquina de escribir, pero la Taquigrafía ya no tiene caso que la aprendamos, ya no es importante como antes que la usaban las secretarias —profundizó Saúl.

—O por ejemplo como Geografía, maestra, que sí es útil, porque conoces los mapas que son necesarios para que no te pierdas —pronunció Memo, que con algunos ademanes argumenta su opinión.

—Y ni qué decir de Educación Física, que te ayuda a hacer ejercicio y a estar bien de salud, ¿no? ¿Pero para qué nos ayuda la Taquigrafía? —agregó Rubén.

—¡Exacto! ¿Para qué nos sirve? O sea, sí tiene importancia, pero poca; de lo contrario, no la llevaríamos —dijo Juan.

—O el Inglés, maestra, que en todas las empresas te lo van a pedir —prosiguió Rubén.

—Especialmente sí son extranjeras —complementó Memo, que asienta reafirmando la opinión mientras ella los escucha atenta, casi sin respirar.

—Realmente ya nadie usa la Taquigrafía —Continuó Juan.

—Esa escritura es de la época de nuestras abuelitas, porque ahora con tantos avances que hay, ¿para qué nos puede servir?, ya está obsoleta —continuó Rubén muy inspirado en el tema.

—Sí, ya es algo muy anticuado —agregó Memo muy seguro.

—Aunque..., claro, por eso le decimos que por algo aún la tenemos que estudiar —dijo Saúl.

La maestra los escucha con atención y parece que se le ha olvidado parpadear y respirar.

—Pues es algo que debemos aprender a la fuerza, de lo contrario, ya la hubieran quitado —opinó Juan.

—Sí, eso sí —dijo Memo con una mueca y cruzando sus brazos asienta muy resignado a tener que aprenderla.

—¿O usted por qué cree que todavía la debamos aprender, maestra? —preguntó Saúl con un sincero interés de conocer la respuesta.

—¿Ustedes creen que no les servirá de nada? —preguntó la maestra.

—Sí, definitivamente no nos va a servir de nada, ya están las 'compus' —aseguró Rubén.

—Además, yo creo que ya no existirán personas que quieran aprenderla, porque si sabes escribir bien en español, pues otra escritura para lo mismo no tiene caso —dijo Memo muy convencido.

—Sí, ya no habrá nadie que le interese —añadió Juan.

—¿A usted para qué le sirve si no es secretaria, maestra? —preguntó Saul, curioso—. Ella, pensativa, busca una respuesta convincente tratando de encontrar la mejor argumentación.

—Mmmmm, bueno, a mí me ha servido para tomar apuntes en mis clases cuando los maestros están explicando; para escribir mi diario, porque no quiero que nadie le entienda; también para...

—Pero ya venden con candadito, maestra —interrumpió Memo con una noble intención de ayudarla.

—Sí, es verdad, ya venden con candadito, y hay unos muy bonitos —dijo Carol.

Por allá atrás del salón, los adolescentes, atentos a la conversación, no pierden detalles y curiosos guardan silencio para enterarse de todo. Denison toma la palabra y pronuncia:

—Mi mamá también la aprendió cuando era joven, dice que ya casi no se acuerda, pero a veces me explica cuando yo no la entiendo en la clase.

—¡Ah, eso sí está chido! Pero nada más. ¿Para qué otra cosa puede servir? —indagó Memo.

En ese momento se escucha el timbre de la chicharra...

—¡Ringgggg!

Literalmente, por la mente de la maestra pasa la frase: «*Me salvó la campana*».

—Bien, jóvenes: por favor, entréguenme sus dibujos..., pueden salir a su descanso.

—Nos vemos en el partido, maestra —dijo Saúl mientras hábilmente gira el balón en su dedo índice izquierdo disponiéndose para salir al recreo.

—¿Si va a ir al partido, maestra? —preguntó Carol, que con su *lunch* y botella de agua en mano se le acerca acompañada de su amiga Sofía.

—Sí, claro —confirmó la maestra.

—Nosotras también, entonces nos vemos al rato —dijo Carol.

—Sí, muchachas, nos vemos al ratito.

Para la siguiente clase, los cuatro jóvenes futbolistas se muestran muy entusiastas, se acercan a su maestra, que va entrando al salón y, mientras se dirige al escritorio, le preguntan, emocionados.

—Maestra, ¿qué le pareció el juego? Estuvo bueno, ¿verdad? —indagó Rubén.

—Estuvo muy bueno, jóvenes. Realmente juegan muy bien —mencionó la maestra.

—Sííí. Ganamos, ya pasamos a la final —expresó Saúl.

—¡Qué padre! —dijo Memo levantando los brazos.

—Sííí, pasamos a la final; si ganamos el siguiente partido, ya somos campeones, maestra —comunicó Juan, jubiloso.

—Lo sé, lo sé. Pues así como jugaron, yo creo que sí van a ser campeones. Y sí, es verdad, te avientas buenos paradones, Memo —declaró la maestra.

—¡Ohhh, maestra! —Memo guiñe, levanta el pulgar derecho y se muestra orgulloso.

—Sí, maestra. Memo casi casi fue la estrella del partido, pasamos a la final porque fuimos el equipo que recibió menos goles —dijo Juan con gran entusiasmo.

—Mire, maestra, como le dije, aquí está mi camiseta con mi equipo ganador, esta será la camiseta estrella.

Saúl le muestra el dibujo, muy orgulloso, satisfecho de haber cumplido con su palabra y pregunta:

—¿Cómo me quedó?

—¡Ah, mira!, es la camiseta del equipo de Cancún —dijo Memo, contento.

—Muy bien, Saúl, te quedó muy bien, hiciste un buen trabajo —respondió ella tras una ligera observación.

—Falta el renglón, ¿verdad, maestra? —pronunció César, que curioso se acerca a ellos y atento observa el dibujo.

Dibujo de Saúl

—Para quien sabe leer taquigrafía, no lo necesita, ¿verdad maestra? —dijo Saúl, defendiéndose.

—Pues sí, tienes razón, hay personas que la pueden leer sin renglón, aunque sí debe llevarlo.

—Pensaba que, tal vez, aprender Taquigrafía me sirva para poner mi nombre en «taqui»; cuando sea famoso, podría dar mi autógrafo en «taqui». ¿Cómo ve, maestra? —dijo Saúl.

—Me parece una buena idea, Saúl.

—Mire, aquí lo escribí, ya lo traje hecho, pero no sé si está bien. —Le dice Saúl, mostrándolo en su cuaderno; ella lo observa.

—Vamos a hacer una ligera corrección nada más para escribir «**Saúl**»; para ello, se emplea la consonante compuesta «**cie**». ¿La recuerdas? —habló la maestra.

—No —respondió Saúl.

—Es esta[5], solo debes ponerle el gancho «**ele**». —Ella se la escribe tanto en español como en taquigrafía al lado de su dibujo, mientras los jóvenes, que aún permanecen al lado de ellos, observan, curiosos.

—No le digo, maestra, usted siempre me cambia la jugada; creí que debía escribirse con círculo —dijo Saúl.

—Ja, ja, ja, ja, ja —Rieron sus amigos—. Memo mueve la cabeza, sonríe y le tiende la palma de su mano en el hombro.

—Pues sí lleva círculo, ¿o no, maestra? Tenemos sonido de «**s**» —preguntó Rubén.

—Utilizamos esta consonante porque la palabra «**Saúl**» lleva diptongo y tenemos que agregarle gancho «**ele**» —explicó la maestra.

—Entonces, ¿en qué casos sí ponemos el circulo? —preguntó Juan.

—Cuando tenemos los sonidos «**sa**», «**se**», «**si**», «**so**» y «**su**» —respondió la maestra—. Para escribir «Saúl» ya no aplica, porque tenemos el diptongo «**au**». ¿Se entendió, jóvenes? —añadió.

—Sí —contestó Saúl—. El resto de los jovencitos no expresan nada.

—Tu apellido lo pusiste muy bien, Saúl; ahora intenta escribirlo todo junto a tu camiseta[6] —mencionó la maestra—. Saúl, obediente, lo escribe a un lado de lo que ella le escribió.

—¡Muy bien, Saúl, te salió muy bien! —afirmó la maestra—. Al mismo tiempo, Rubén expresa:

—Nosotros también queremos poner nuestro nombre en

---

5. Son seis consonantes compuestas en la Taquigrafía 'Pitman'; la «cie» es una de ellas.

6. Se observa el nombre escrito de «Saúl» taquigráficamente en la camiseta de la página anterior.

«taqui», maestra, para que todo el equipo dé su autógrafo en Taquigrafía —pidió Rubén.

—¿Nos ayuda? —dijo Memo.

—Con gusto, jóvenes —respondió la maestra.

—Nos tiene que enseñar muy bien, maestra, para que le enseñemos a todo el equipo a escribir sus nombres en «taqui», porque seguro nadie va a saber; seremos el único equipo del mundo que dará su autógrafo en Taquigrafía, ese será nuestro distintivo —expresó Saúl, motivado.

—Sí, maestra, estaría bien; yo creo que eso saldría en las noticias, porque no es común. —mencionó Juan.

—Seremos famosos por ser el mejor equipo y por ser originales —aseguró Memo.

—Sin problema, muchachos, esta escritura es muy fácil —respondió la profe—. Mientras les explica, ellos se muestran muy dispuestos.

Nombre	Signo
Ortiz	
Camacho	
Hernández	
Guerra	

Es una nueva semana y también está por comenzar una nueva clase de Taller. Los cuatro futbolistas, Saúl, Rubén, Juan y Memo, corren por el pasillo para encontrarse con su maestra, quien se dirige al salón. Saúl, sorprendiéndola, con sus dibujos en mano, expresa:

—Mire, maestra, ya hicimos nuestras camisetas, las que vamos a usar con nuestros nombres en «taqui».

—¡*Waaaao*! ¿De verdad? —comentó la maestra, sorprendida.

—Sí, maestra —afirmó Rubén.

—Así que no solo darán su autógrafo en Taquigrafía, ¿también lo llevarán en la camiseta? —preguntó ella, asombrada.

—¡*Of course, teacher!* —expresó Memo con un guiño y esa gran sonrisa que le caracteriza.

Síí, maestra, ¿cómo ve? —dijo Saúl muy entusiasmado.

—Bien, vamos a llegar al salón para que me permitan ver sus dibujos con atención —informó la maestra y en el trayecto piensa: «*mi enseñanza la realizaron de acuerdo a sus intereses, me recordaron a Dewey... ¿Quién le quitó el balón a quién?*».

Una vez que han entrado, la maestra dice a sus alumnos:

—La verdad me han sorprendido, muchachos; déjenme ver sus dibujos. —Ella, extendiendo su mano, los toma y por unos segundos los observa detenidamente, mientras los adolescentes se miran entre ellos con admiración, alegría y cierto aire de complicidad[7].

»¡Muy bien, jóvenes! No solo me siento muy contenta por esta iniciativa y gran sorpresa, sino también porque sus apellidos están bien escritos... Sus dibujos les quedaron muy bonitos. ¡Genial! —expresó la maestra, contenta y con una gran sonrisa.

—Maestra, nosotros seremos famosos por tener en la camiseta nuestros nombres escritos en Taquigrafía —afirmó Saúl, emocionado.

—Y por ser el mejor equipo de fútbol del mundo también, jóvenes —enfatizó la docente, contenta.

---

7. Es importante aclarar que se cambiaron los nombres originales para proteger los derechos de los estudiantes, que en su momento eran menores de edad.

Memo

2"C"

Saul

Rubén

Juan

2° C

*"Todo el mundo es un genio, pero si juzgas a
un pez por su capacidad de trepar un árbol,
vivirá toda su vida creyendo que es estúpido"*

Albert Einstein

Capítulo 6
Victoria, te amo

—Maestra, ya no sé qué más dibujar, ya hice muchos dibujos
—expresó Rocío.

—¿No sabes qué dibujar, Rocío? —preguntó la maestra.

—No, ya hice muchos, ya no se me ocurre nada; usted dígame,
¿qué hago? —respondió Rocío con cierta actitud de flojera y
bostezando.

—Cierra los ojos y dime qué es lo primero que se te viene a
la mente —mencionó la maestra—. Rocío, sin cerrar los ojos,
exclama rápidamente y sin pensarlo:

—¡Comida... Comidaaaaaa! —Abriendo los ojos y la boca de
manera exagerada, al pronunciar «comida» y alzando más la voz,
se puede apreciar su gran deseo de poseerla.

—Ja, ja, ja, ja, ja —Muchos se ríen.

—Oye, sí, es una buena idea —dijo Marian.

—Bueno, pues dibuja comida —indicó la maestra.

—Síí, es una buena idea; voy a dibujar unos ricos tacos —dijo
Santiago, emocionado—. Rocío, abriendo sus ojos y con gran
ímpetu, expresa:

—¡Es verdad! Dibujaré una graaan cazuela de mole con pollo. ¡Mmmmmmm, qué rico! —dijo la alumna mientras abría ampliamente sus brazos para dibujar en el aire la medida de su cazuela, cerrando los ojos y sacando la punta de la lengua.

—O sea, no un plato... ¡La cazueeela! —mencionó Sara enfatizando *la cazuela* con sus cejas muy en alto.

—Ja, ja, ja, ja, ja. —Muchos ríen.

—Se nota que te gusta el mole —comentaron Nadia y Rocío—.

—Sííí, haré unas ricas enchiladas para todos —respondió, sacando nuevamente la punta de la lengua hacia un lado y sonriendo levantando las cejas.

—Ja, ja, ja, ja, ja. —Muchos jóvenes al verla, ríen.

—¡Oh, sí! Yo sí quiero unas ricas enchiladitas de mole —dijo Kevin.

En seguida, Néstor interviene:

—Sííí, qué rico, yo también quiero —dijo, cerrando los ojos, sacando la lengua y sobándose en círculos la barriga.

—Yo voy a dibujar una torta de jamón, como el Chavo del 8 —manifestó Raúl.

—Ja, ja, ja, ja, ja —Muchos jóvenes se ríen.

—Yo dibujaré un rico pozole con su lechuga, rábanos y tostadas —anunció Monserrat, entusiasmada.

—Ya no hablen de comida, ¡por favor!, que me va a dar más hambre —dijo Ana.

—Sííí, a mí ya me dio hambre; a mí también; y a mí —confirmaron José, Cristy y Santiago.

—Pues sí, es verdad, es una buena idea, Rocío; yo sí voy a dibujar comida hasta con postre —expresó Nadia.

—Pues yo no tengo tanta hambre, se me antoja como una lechita con chocolate y una rica conchita —mencionó Saraí.

—Maestra, ¿podemos usar nuestro juego de geometría para hacer unas líneas? Quiero hacer una mesa —indagó Ana.

—Sí, sí pueden usarlo, Ana; ya sea regla, compás, escuadras, lo que les pueda ayudar, y en lo que se puedan apoyar, lo pueden usar —respondió la maestra.

—Yo traigo una plantilla de animalitos y otras figuritas; aquí hay un pez y dibujaré mi pescado a la veracruzana... Mmmmm, ¡qué rico! ¿Sí la puedo usar, verdad? —interrogó Sara.

—Sí, también la puedes usar, Sara —contestó la maestra.

—Yo también traigo una plantilla, pero es de letras y números. ¿Cree que me pueda servir? —preguntó Sergio.

—Claro que sí, sí te puede servir; estoy segura que en las líneas que forman los números y las letras podrás identificar los signos —respondió la maestra—. Es muy probable que tengan que agregar otras figuras en caso de que en sus plantillas no encuentren todos los signos —añadió.

—Pues yo apenas hice un servilletero. Mmmmm..., creo que ya vi dos signos y todavía me falta mi pescado —dijo Sara.

—¿Algún maestro les pidió que trajeran plantillas? —preguntó la maestra.

—Lo que pasa es que nos toca hacer el periódico mural de la escuela y tenemos que poner los títulos y sus ilustraciones... Y pues con las plantillas es más fácil —explicó Sergio.

—Es verdad, muchachos, es una buena idea y qué bueno que las puedan aprovechar para esta actividad que estamos haciendo. Así que, si no hay dudas, jóvenes, manos a la obra declaró la maestra.

—Maestra, ¿verdad que en los dibujos no es necesario que pongamos posiciones a los signos? indagó Ricardo.

—Efectivamente, Ricardo. Para este ejercicio no tienen que colocar los signos en ninguna posición del renglón, sus dibujos solo tienen el propósito de que en él puedan identificar la forma correcta del signo.

—Profe, ¿cuántos signos vamos a poner? —preguntó Lucía.

—Los veinte del alfabeto taquigráfico, Luci.

—Son muchos, maestra, nunca termino de poner todos; ¿puedo poner solo los rectos? —solicitó Lucía.

—Sí, puedes empezar con los signos rectos, pero es importante que trates de poner los veinte —respondió la maestra.

—Yo también, profe, ¿puedo poner solo unos cuantos? —pidió Mauri.

—Traten de hacer un esfuerzo por poner todos los signos, jóvenes; es importante que los aprendamos todos para que puedan escribir todas las palabras.

—¡Ay, profe, es que son muchos! —exclamó Mauri, afligida.

—Pueden empezar por los que ya se saben —dijo la maestra.

—Pues yo todavía no me los sé bien —comentó Mauri.

—Justo para eso es este ejercicio, para que nos los vayamos aprendiendo todos —decretó la maestra.

—Pues es que son muchos —reiteró Mauri en actitud de cansancio.

—Los signos del alfabeto taquigráfico son veinte, son menos que las letras del abecedario que usamos para escribir en español; si en español no logramos aprender una letra, no vamos a poder escribir las palabras que llevan esa letra; lo mismo pasa en Taquigrafía.

—Pues sí, pero esas letras las aprendimos cuando éramos chiquitos y así es mejor; de niños somos esponjitas, todo aprendemos —enfatizó Mauri muy desanimada.

—Ustedes apenas están en segundo de secundaria, Mauri; están en la edad ideal para aprender todo lo que se propongan. Vamos a intentarlo: ¿qué vas a dibujar? —mencionó la maestra.

—Pues ese es el problema, ni siquiera sé que voy a hacer —confesó Mauri.

—Nosotros estamos dibujando comida; también dibuja algo de comer. —Por allá atrás se escuchó...

—Mmmmmm... Ya sé, una malteada —respondió Mauri.

—Muy bien, Mauri, dibújala... Yo te ayudo a encontrar ahí

algunos signos —dijo la maestra—. La alumna se dispone a trabajar mostrando una actitud de desgane.

—Profe, ¿a mí también me ayuda? Ya tengo mi dibujo, hice una taza de chocolate que está calientito con una concha de vainilla —solicitó Saraí.

—¡Oh, qué rico! —dijo Paola.

—Por favor, ya no hablen de comida. —Por allá atrás se escuchó nuevamente.

—Sí, claro, vamos a ver. ¿Qué signos puedes ver en las líneas que acabas de dibujar? —dijo la maestra acercándose a Saraí.

—Pues yo creo que pocos, porque solo es una taza y la conchita —respondió Saraí.

—Bueno, podemos empezar con estos dibujos y para los signos que nos falten hay que agregar otras figuras, ¿va? ¿cuáles crees que podemos colocar? —preguntó la maestra—. Puedes usar tu libro o acordeón, Saraí —complementó.

Saraí saca su acordeón, lo coloca al lado de su dibujo, lo observa y pronuncia:

—Mmmmmm…, —creo que «**me**».

—Puedes marcarlo, por favor —pidió la maestra. —Saraí lo remarca en lo que es la parte superior de su concha.

—¿Está bien? —preguntó la alumna.

—Mira, está un poco alargado el signo y estirado; si te das cuenta, el signo de la sílaba «**me**» es un poco más cerradito. ¿Si lo puedes ver? —dijo la maestra.

—Sí. —Saraí responde tras unos segundos de observación…

—También, el signo es delgado, debe ir de color azul cielo, pero es un buen comienzo, lo importante es observar —lo mejor posible— los signos y encontrar en las líneas del dibujo, la forma que tiene el signo —indicó la maestra—. Saraí escucha atenta mientras observa su dibujo.

—¿Qué otro signo logras ver? —preguntó la maestra.

—La «**fe**» —respondió Saraí.

—Lo puedes poner —solicitó la maestra.

De inmediato, Saraí lo remarca en el plato de la taza.

—Si lo comparas con el que está en tu acordeón, el que pusiste está muy dobladito, muy encorvado —resaltó la maestra.

—Sí, pero es que el plato está completo —contestó Saraí.

—Por eso es importante que solo tomen la parte de la línea que les sirve para identificar la forma del signo. Mira, te voy a remarcar la «**ve**» en esta misma línea.

La maestra marca el signo y agrega:

—¿Sí logras darte cuenta que solo utilicé la parte de la línea que necesito para trazar el signo? Si observas bien, el signo «**ve**» tiene la misma forma que «**fe**», solo que este es delgado y el otro, grueso; no es necesario que tomemos toda la línea donde está el signo. ¿Logras identificarlo?

—Sí —respondió la niña que no deja de estar muy atenta.

—¿Puedes ponerle la sílaba? —Saraí, obediente, escribe «**ve**» en español.

—¿Logras ver otro signo en las líneas? —preguntó la maestra.

—Pues nada más —contestó Saraí.

—Vamos a mejorar un poco la línea que forma el asa de la taza para que podamos poner la «**er**» —expuso la maestra—.

Ella misma borra un poco la línea, la traza, remarca con azul cielo y pronuncia:

—Aquí tenemos la «**er**». ¿La puedes ver?

—Sí —respondió Saraí después de observar por unos segundos.

—¿Vas entendiendo? —cuestionó la maestra.

—Sí, solo que me van a faltar los rectos —enfatizó la alumna.

—¿Qué más crees que puedes dibujar?

—Una cuchara y donde va el azúcar.

—Muy bien, pues adelante, vas bien —reiteró la maestra—. Estoy segura que con la práctica los vas a identificar todos, Saraí —agregó.

Dibujo de Saraí.

Los jóvenes se muestran ocupados y realizan la actividad; algunos están aplicados y concentrados, realmente tratan de hacer su mejor trabajo. Por otro lado, otros están más relajados, trabajan a un ritmo donde pareciera que el tiempo no transcurre; se levantan a intercambiar materiales, preguntan al compañero: «¿qué estás dibujando?», momento que aprovechan para platicar un poco más, no importa que sea de pie; hay quienes buscan insistentemente objetos en sus mochilas y estuches de lápices; otros más lo hacen para asomarse por la ventana o puerta de vez en cuando; incluso una jovencita saca un pequeño espejo para acomodarse tranquilamente el cabello y las pestañas con sus dedos. La maestra observa el reloj y les dice a los niños:

—Jóvenes, aún me faltan dibujos y ya no tardan en tocar; entreguen sus trabajos los que faltan.

—Yo aún no termino —dijo Ana.

—Lo puedes entregar así —respondió la maestra.

En ese momento, varios alumnos se levantan para entregarle su dibujo y unos segundos después se escucha:

¡Ringgggg! —Suena la chicharra.

Fin de la última clase del día. La jornada termina. El reloj marca casi las nueve de la noche, los jóvenes ya quieren cenar y descansar tras un día más de clases. La maestra nuevamente pide entregar el trabajo, los estudiantes están más ocupados en meter rauda y desordenadamente sus útiles a las mochilas, salir rápidamente es prioridad, abandonar el salón antes que atender la indicación.

—Jóvenes, faltan varios por entregar su dibujo, entréguenlo —solicitó la maestra.

—¿Se lo puedo traer de tarea? —indagó Sindy, que con mochila en hombro se dispone a salir.

—Me lo puedes dar como está —respondió la maestra.

—Mejor se lo traigo de tarea, maestra, es que ya guardé mis cosas.

La joven aprovecha el tumulto para emprender la huida en ese momento, Victoria se acerca para entregárselo, y la maestra, al recibirlo, se da cuenta que en el dibujo no están representados los signos.

—Victoria, el dibujo no tiene ningún signo —dijo la maestra.

—¡Ah, sí, maestra!, es que en ese dibujo no se pueden poner los signos.

—¿No se pueden poner? —preguntó la maestra.

—No —confirmó Victoria.

—¿Ninguno?

—No, ninguno, escogí mal —reiteró Victoria, convencida.

—¿Escogiste mal?

—Sí, no debí haber hecho ese dibujo. Ya me voy, mi papá viene por mí y no le gusta esperarme. —Mientras Victoria intercambia este diálogo con la maestra, apresura el paso hacia la salida; aún conversa con ella, cuando Abigail le entrega el suyo que, de igual manera, no tiene ningún signo representado.

—Abigail, ¿tampoco pusiste ningún signo? —pregunta la maestra al mirar su dibujo.

—No, maestra —respondió la alumna.

—¿Pero qué fue lo que pasó? —cuestionó la maestra—. Abigail también apura el paso para alejarse rápidamente, aprovechando que Germán se acerca a la maestra al mismo tiempo para entregarle su dibujo que, al recibirlo, lo mira y pregunta:

—Germán, ¿y los signos?

—Ya no me dio tiempo, maestra.

—Pusiste números en vez de signos. ¿Por qué?

—Lo que pasa es que los enumeré para no hacerme bolas, pero ya no me dio tiempo de ponerlos. —Él le responde al tiempo que también huye presurosamente. La maestra lo llama y le dice:

—Germán, me diste dos dibujos.

—El otro es de Nayeli, me pidió que se lo entregara, llevaba mucha prisa. Adiós, maestra —pronunció Germán saliendo rápidamente del salón.

La maestra observa con atención los dibujos, se da cuenta que en muchos de ellos hay pocos signos; es más, en otros, no hay ninguno representado.

Dibujos de los niños en los que se muestra ausencia de signos.

Transcurre una semana desde la última clase de Tecnología. Es una fresca y nublada noche, los adolescentes esperan ilusionados en la puerta la noticia de que su maestra de Taller no logró llegar a la clase, para al menos salir una hora antes, llegar a casa y descansar, pero para ellos esto es solo un sueño; la profesora aparece en el pasillo, que a lo lejos la miran desde la puerta; algunos muestran una mueca o un ceño fruncido al verla llegar; ella finge no darse cuenta, entra, saluda y expresa:

—¡Jóvenes, cómo están, buenas noches!

—Pues ya nos queremos ir —dijo César frunciendo la boca.

—Denos la hora, maestra. ¡Ándele! —pidió Julio.

—Sí, maestra, por favor, denos la hora libre. ¡Sí, maestra, por favor, por favor! —suplicaron Ángel, Suri, José, Julián, Mirna, Tania, Miranda...

—Estamos cansados, maestra —declaró Miguel estirando sus brazos y bostezando.

—Sí, los entiendo, muchachos, ya es la última hora del día —admitió la maestra.

—Además, no tuvimos dos clases y ya nos aburrimos —agregó Yohana.

—Miren, muchachos, para que les sea un poco más leve la clase, en esta ocasión les traje unos dibujos ya hechos, para que en él identifiquen los signos —comentó la maestra.

—¿Cómo maestra, trajo dibujos? —indagó Ana.

—¡Ah, son para colorear! —dijo Ángel.

—¡Ah, maestra, pus así está más fácil! —pronunció Karen.

En ese momento la rodean varios alumnos, que curiosos desean verlos.

—A verlos, maestra —solicitó Yohana.

—Sí, está mejor así —expresó Paola.

—¿Por qué hasta ahora los trae, profe? indagó Saraí.

Dibujos que resolvieron los alumnos

—¡Qué bien! Yo los entrego, por favor, por favor —exclamó Natalia con una sonrisa y alegría al verlos.

—Yo también entrego, profe —requirió Saraí—. La maestra divide por la mitad el fajo de hojas y entrega uno a Natalia y el otro a Saraí.

—¿Dibujos? —preguntó David, asombrado.

—¿Los podemos colorear, profe? —interrogó Mauri.

—¡Sí, profe, por favor! —insistió Saraí.

—No, jóvenes.

La maestra recuerda la experiencia que tuvo con otro de sus grupos e inmediatamente les dice:

—Resuelvan este y cuando lo entreguen les doy otro para que lo puedan iluminar.

—¿Cómo que nos trajo dibujos? —preguntó Dante acercándose con prisa.

—Sí, hoy vamos a trabajar con estos dibujos que les van a entregar, ya están hechos y en ellos van a identificar los signos —aclaró la maestra.

—¡Ah, qué padre! Es una buena idea, maestra —dijo Nadia.

—¿Y vamos a hacer lo mismo, poner los signos en color suave y color más fuerte? —interrogó Ángel.

—Es correcto, Ángel, vamos a identificar los signos en las líneas del dibujo como lo hemos estado haciendo en sus dibujos libres. De igual manera, hay que tomar solo la parte de la línea que tiene la forma del signo, no olviden ponerle nombre al signo con letra clara, que se entienda bien, jóvenes —explicó la maestra—. También, pongan su nombre con letra clara —concluyó.

—Así está mejor, maestra. Desde cuando los hubiera traído, ya no tenemos que trabajar tanto —dijo David.

Los alumnos empiezan a tomar sus lugares con dibujo en mano para dar inicio a la tarea encomendada.

Una vez que los alumnos se aplican a la actividad, la maestra toma el dibujo de Victoria, camina entre los pasillos y, al llegar al lugar de Victoria, expresa:

—Victoria, tengo tu dibujo de la clase pasada...

La señorita le responde:

—¡Aaayyy, no, maeeestra, agárrese otra, por favor! —Con sus piernas bien juntitas, empieza a dar rápidos y pequeños golpecitos alternando la punta de ambos pies en el piso; ella sabe bien que enfrentará un conflicto cognitivo.

—Vamos a ver cómo podemos encontrar los signos en tu dibujo —dijo la maestra.

—¡Aaahhh, maestra!, como le dije, en ese dibujo no se pueden poner los signos —refutó Victoria con angustia.

—¿No se pueden poner?

—No, no se puede, lo que pasa es que escogí mal mi dibujo —insistió la estudiante.

—Es que maestra, no en todos los dibujos se pueden poner los signos —expresó Karina, que está sentada cerca de Victoria—. Además, ya son muchos dibujos, maestra, ya no hay más qué hacer —puntualizó.

—¿Ya no hay más que hacer? —preguntó la educadora.

—No, maestra, llevamos todas las clases dibujando y pues ya no hay más qué poner; las ideas se nos terminaron con tanto signo —enfatizó Karina muy probablemente con un sincero afán de ayudar a su gran amiga Victoria.

—Pero también no nos salen bien y pues casi a nadie le gusta dibujar —añadió Victoria.

—Tu dibujo no está mal, incluso está muy bonito; las frutas que pusiste están muy bien hechas: yo aquí veo una manzana, una pera y me parece que esta, por el color, es una mandarina. ¿Es correcto? —dijo la maestra a Victoria.

—Sí, son frutas —respondió Victoria.

—Lo único que debemos hacer es colocar los signos —expresó la maestra.

—Como le digo, maestra, en ese dibujo no se pueden poner —insistió Victoria.

En ese momento pasa por la mente de la maestra:

«*Tal vez Bruner, con su andamiaje, me pueda ayudar*».

—Vamos a ver qué podemos hacer —indicó la maestra.

—¡Ah, maestra, por favor, noooo! —suplicó Victoria, preocupada, juntando entre sí las palmas de sus manos unidas a su rostro en señal de plegaria y mostrando un semblante angustiado como si fuera a llorar.

—Te vamos a ayudar entre todos los que estamos aquí —mencionó Karina.

—Sí, entre todos te vamos a ayudar, verás que no es difícil —declaró la maestra.

—Maestra, entonces, por favor, en el dibujo que nos acaban de dar creo que es más fácil —solicitó Victoria refiriéndose al prediseñado.

—Está bien, vamos a hacerlo en el que te acaban de entregar —cedió la maestra—. Qué estás utilizando, ¿libro o acordeón?

—El libro no me lo han podido comprar y perdí mi acordeón —contestó Victoria.

—Bueno, yo te voy a ayudar a hacer otro acordeón; por el momento, vamos a utilizar libro —mencionó la maestra.

Al mismo tiempo, la profesora levanta la vista y se dirige a Ana:

—Ana, ya que estás cerca del escritorio, me puedes hacer el favor de pasar mi libro.

Inmediatamente, Ana toma el libro y Nayeli expresa:

—Aquí está el mío, lo podemos usar.

—Gracias, Nayeli; sí, lo vamos a ocupar para que tú también nos ayudes ya que estás aquí muy cerca de nosotras —respondió la maestra—. Aun así, me lo pasas, por favor —añadió.

Ana, obediente, se lo entrega; en cuanto ella lo recibe, se lo da a Victoria y le pregunta:

—¿Con qué signos te gustaría que empezáramos?

—¡Ayyy, maestraaa!, pues es que todavía no me los aprendo bien, los confundo mucho —contestó Victoria.

—Sí, maestra, yo también; y eso que ya estamos en segundo —expresó Nayeli.

—Lo que pasa es que el año pasado no hicimos dibujos y pues no estamos acostumbrados a hacer signos con dibujos y así pues está más complicado —agregó Karina.

—¿Está más complicado? —preguntó la maestra.

—Pues sí, maestra, es hacer dibujo más a parte ponerle los signos, yo creo que sería mejor..., o hacemos dibujos, o hacemos signos, pero los dos juntos, no —anunció Karina muy convencida.

—Bueno, no se angustien, vamos a empezar por lo más sencillo: vamos a representar signos rectos que son los primeros y los más fáciles; abramos el libro en la lección 1 —pidió la maestra.

Las señoritas, obedientes, acceden. Victoria localiza la lección, abre el libro y lo coloca encima de sus piernas; luego, saca dos colores —verde claro y otro más fuerte—, los pone en medio del libro, intercambia mirada entre libro y dibujo. Mientras se va secando en la falda la palma de su mano izquierda, la maestra dice:

—Señoritas, necesito que observen los signos en su libro y los vean bien; yo voy a empezar a hacerlo para que vean que esto es muy fácil. Miren, aquí tenemos la «**te**» y la «**de**»; «**te**» con verde claro porque es signo delgado; y «**de**» con verde oscuro porque es signo grueso.

La profesora los remarca en el dibujo prediseñado en uno de los botes de pintura tomando los colores de Victoria y pregunta:

—¿Si los logran identificar? —Las niñas observan atentas, pero no responden nada.

—Ahora, aquí tenemos «**que**» y «**gue**»; «**que**» con verde claro; y «**gue**» con verde fuerte; «**que**» es un signo delgado; y «**gue**» es signo grueso.

La maestra los remarca en lo que parecen ser los refuerzos de la mesita que están debajo de la cubierta de esta. Victoria está muy atenta, casi no parpadea. La maestra le solicita a Victoria:

—¿Puedes ponerles el nombre a los signos, por favor?

Victoria, obediente, escribe las sílabas a los cuatro signos tras una cuidadosa observación.

—Muy bien, los nombraste muy bien —corroboró la maestra.

—Ahora vamos a poner «**che**» y «**je-ge**». ¿Cómo los observan en el libro? —expresó la maestra.

—«**Che**» es delgado; «**je-ge**» es grueso —contestó Victoria tras unos segundos al observar el libro.

—Muy bien, Victoria —dijo la maestra—. Vamos a ponerlos. ¿En dónde les parece que los podemos remarcar?

—Aquí en la mesa —respondió Karina. —Ella señala las dos líneas paralelas más cortas que dan forma a la base de la mesa y agrega: —pero hay dos «**ches**».

—Muy bien. Efectivamente hay dos «**ches**» —afirmó la maestra—. Sin embargo, como podrán recordar, el signo «**re**» tiene la misma forma que la «**che**», la diferencia es que este es descendente y «**re**», ascendente. Pero como el ejercicio consiste en identificar solo la forma del trazo, ambas líneas nos sirven: una para «**che**» y otra para «**re**». ¿De acuerdo?

Las niñas observan con atención. La maestra le dice a Victoria:

—Remárcalo.

Victoria remarca «**re**» de manera correcta. La maestra añade:

—Para identificar la sílaba «**je-ge**», ¿qué línea podemos utilizar? —Las niñas observan con atención y Karina responde después de unos segundos:

—¿Aquí? —Y señala lo que parece ser una palita dentro de uno de los botes.

—Efectivamente, Karina, muy bien —respondió la maestra—. Lo puedes marcar, por favor —solicitó.

La señorita lo marca muy bien.

—¿Verdad que no está complicado? —mencionó la maestra.

—Sí, creo que ya le entendí. Ponga uno, uno... —Victoria no sabe cómo llamarlo y lo escribe al aire. La maestra menciona:

—¿Uno curvo?

—Sí, eso, uno curvo —completó la estudiante.

—Vamos a poner aquí la sílaba «**ne**» —afirmó la maestra—. ¿Con qué tono de verde? ¿Fuerte o claro? —preguntó.

—Nayeli contesta tras localizarlo en su libro.

—Con verde claro.

—¡Perfecto!, porque es signo delgado, Nayeli —explicó la maestra y lo remarca en la pata del perro—. ¿Qué otro signo ponemos? —indagó.

—Ya nada más ponga «**pe**» y «**be**», que son los que faltan para completar esta lección —dijo Victoria un poco tímida y con voz baja.

La maestra interviene.

—Vamos a ponerlos. Díganme, ¿dónde ven la línea que tenga la forma de estos signos?

Las niñas observan atentas sus libros y dibujos. Karina, tomando la palabra, menciona:

—En la varita que tiene el niño pequeño en la mano.

—¡Excelente, muy bien! —dijo la maestra—. ¿Ya vieron? ¡Están aprendiendo muy bien!

—Sí, no es tan difícil —argumentó Karina—. Yo los pongo —agregó.

—Vamos, maestra, déjeme poner uno —pidió Victoria.

—¡Claro, adelante! —dijo la maestra.

—Ahora, voy a buscar los signos que voy a poner, porque estos ya los puso todos usted... —expresó Victoria y todas sonríen.

—Mmmmm, lección 2. Las posiciones... no, tienen que ser signos —dijo Victoria mientras va pasando las hojas del libro—. ¡Ah, ya, aquí! Lección 3. Consonantes curvas: «**me**», «**ne**», «**ñe**», «**fe**» y «**ve**». Voy a poner... «**fe**». Sí, «**fe**».

—¿Dónde la ves? —preguntó la maestra.

—Mmmmm...

Ella observa cuidadosamente tras unos segundos y dice:

—Aquí en la oreja y es con verde claro, porque es delgado, ¿verdad? —Ella la remarca.

—¡Excelente! Sí, muy bien, Victoria. ¿Ves como no está difícil? Le estás entendiendo muy bien —mencionó la maestra.

—Sí, creo que ya le estoy entendiendo —anunció Victoria.

—Muy bien, señoritas, vayan localizando los signos que faltan en sus dibujos, aún nos queda tiempo de clase —mencionó la maestra mientras se retira de las niñas.

Pasados unos minutos, el fin de la clase se aproxima, ya es hora de entregar el trabajo del día. La maestra, como es habitual, anuncia:

—Jóvenes, entreguen su dibujo y tomen el que van a colorear. —Victoria le entrega su dibujo y le dice:

—Maestra, me faltaron signos, pero ahora sí logré poner unos cuantos, no como antes que no ponía ninguno. —Al final ella sonríe un poco apenada.

—Y eso que es la primera vez que te explico —comentó la maestra.

—Sí, le voy a pedir a mi papá que me compre el libro, porque así es más fácil.

—En caso de que no te lo pueda comprar, el acordeón te ayuda mucho, la próxima clase lo hacemos.

—Sí, está bien —dijo Victoria.

—¡Ringgggg! —Se acaba la clase.

—Bien, jóvenes, vámonos —puntualizó la maestra.

Dibujo de Victoria

—Yo también le entendí mejor, maestra —dijo Karina.

—Sí, yo también —expresó Nayeli entregando sus dibujos.

—¿Ya vieron que no es difícil? Además, veo que las tres le están entendiendo muy bien —mencionó la maestra.

Pasan varios días. Inicia una nueva clase. La maestra entra al salón, algunos alumnos se encuentran de pie junto a la entrada; al ver el fajo de hojas que ella lleva en el brazo, Mauri pregunta:

—¿Nos trajo dibujos, profe?

—En esta ocasión, no, jóvenes —respondió la maestra.

—¿Por qué, maestra? Es que así es más fácil —confesó Ana.

—¿Les parece que es más fácil? —preguntó la maestra.

—Definitivamente, sí —contestó Dante.

—Los hubiera traído, profe —opinó Saraí.

—Lo que pasa es que en esta ocasión vamos a transcribir enunciados —reveló la maestra.

—Yo quiero ver —dijo Mauri. —En ese momento se le acercan algunos alumnos para mirarlos.

—¡Ah, están chidos! —mencionó César.

—¿Los vamos a resolver a mano o a máquina? —indagó Dante.

—Como quieran, jóvenes.

—En el renglón de abajo lo ponemos en español, ¿verdad? —interrogó Paola.

—Sí, efectivamente, en el renglón de abajo escribimos en español la transcripción —corroboró la maestra.

—¿Los puedo entregar, profe? —preguntó Lucía. —La maestra se los da y le dice:

—Por favor, Luci.

—¿Podemos usar el libro o acordeón? —preguntó Maira.

—Sí, sí pueden usarlo —dijo la maestra.

—¿También podemos colorearlos, profe? —consultó Lucía mientras los va repartiendo.

—Sí, pero primero, resuélvanlo.

La maestra observa por allá atrás del salón una bolita de alumnos que llama su atención; en seguida, se acerca y ve que Victoria, sentada en su lugar, rodeada de algunos compañeros —unos de pie y otros sentados—, llora un poco. De inmediato, pregunta:

—¿Todo bien, muchachos?

—No, maestra, en realidad, no —dijo Ricardo.

—¿Por qué, qué pasó? —preguntó la maestra.

—¿Vio al maestro que acaba de salir? indagó Karina.

—Sí.

—¿Le cae bien? cuestionó Nayeli.

—Bueno, en realidad no he tenido oportunidad de tratarlo bien..., solo lo he... —contestó la maestra.

—Pues lo que pasa es que es muy ofensivo —expresó Paola, interrumpiéndola.

—Sí, es muy grosero —añadió Nayeli.

—Hoy le dijo a Victoria que es un «bulto» porque no le entregó el cuaderno completo y la guía resuelta. Y es que a Victoria no le han podido comprar su libro y para los dos trabajos sí lo necesitamos —explicó Karina.

—A mí también ya me dijo que soy un «bulto», lo hizo como hace dos o tres clases, pero lo tomo de quien viene —mencionó Ricardo—. Le digo a Victoria que no le dé importancia, seguramente tiene muchos problemas y viene aquí a desquitarse con nosotros, porque no es la primera vez que nos ofende —agregó.

—La otra vez ofendió a Ángel y eso que él es buen estudiante —informó Nayeli.

Ángel, que está en la bolita de alumnos, asienta con la cabeza y con una mueca, agrega:

—Lo peor es que no lo podemos reportar porque es el hijo de la subdirectora.

—Lo tenemos que aguantar, no tenemos de otra —dijo Sergio, molesto, echando un poco su dorso hacia atrás con una gran mueca y extendiendo sus brazos para cerrarlos dando una pequeña palmada en ambas piernas.

—En verdad lamento mucho lo que está sucediendo, muchachos, no sé qué decirles —confesó la maestra.

—¿Qué vamos a hacer, maestra? —preguntó Ángel.

—Les van a entregar unos enunciados para que los resuelvan.

—O sea, ¿tenemos que transcribirlos? consultó Karina.

—Efectivamente.

—¿Podemos usar el libro? —indagó Ricardo al momento que se le entrega su hoja.

—Sí, la profe ya dijo que sí podemos usarlo; también el acordeón —enfatizó Mauri.

—Pues no escuché, «sabelotodo»…, estábamos con Victoria —respondió Ricardo con voz fuerte y molesto.

—Jóvenes, tranquilos; para que logren transcribir bien los

enunciados, ayúdense con sus materiales; les aclaro que hay gramálogos[1], están encerrados en un círculo. ¿Dudas? —expresó la maestra.

—El «**muy**», que está en el enunciado del niño que toca la guitarra, no lo encerró, maestra —dijo Ángel desde su lugar tras unos segundos de tener los enunciados en su mano.

—¿Me permites verlo, Paola? —solicitó la maestra a la señorita que está muy cerca de su lugar.

Ella toma los enunciados de la niña, los observa con atención y responde:

—Tienes razón, Ángel, no está encerrado y lo identificaste muy bien, gracias por la observación —respondió la profe—. Jóvenes, Ángel ya nos ayudó a transcribir el gramálogo «**muy**», en el segundo enunciado ustedes lo pueden encerrar —añadió.

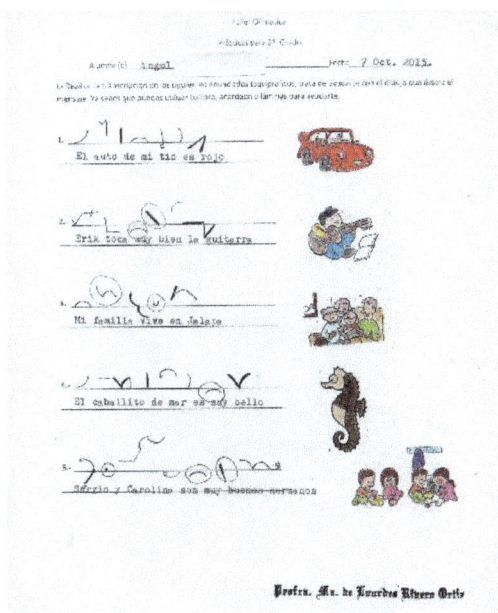

---

1. Abreviaturas en Taquigrafía.

Transcurren unas semanas luego de aquel incidente. Los alumnos, al ver a su maestra entrar al salón, preguntan:

—¿Ahora qué nos trajo, maestra?

—Hoy les tengo los meses del año.

—Excelente, déjenos ver —requirió Paola.

—Profe, yo los reparto —aludió Mauri.

—¿Qué tenemos que hacer? —preguntó Ricardo.

—Colorearlos, pegarlos en su cuaderno para que los tengan a la mano. En unos minutos se los explico para que tratemos de memorizarlos —respondió la maestra.

En ese momento, Victoria se acerca y expresa:

De izquierda a derecha de arriba hacia abajo se lee en taquigrafía.
Enero, febrero, marzo, abril, mayo y junio

De izquierda a derecha de arriba hacia abajo se lee en taquigrafía.

Julio, agosto, septiembre, octubre, noviembre y diciembre

—¿Maestra, le puedo entregar el dibujo de la clase pasada que no terminé?

—Sí, sí lo puedes entregar.

—Ya casi me aprendo los signos, maestra; y lo mejor es que ya casi no veo el acordeón.

Victoria le entrega su dibujo, la profe se lo recibe, lo observa unos segundos y comenta:

—Mmmmm... ¡Excelente, Victoria! Por lo que puedo observar, aquí no hay errores. Mmm..., no veo ningún error, solo un poco movida la «**me**»... Vamos a tratar de hacerlos del mismo tamaño nada más, ¿de acuerdo? Si observas, te quedó muy chiquita la «**que**», pero en general tu trabajo va mejorando mucho.

Victoria sonríe y le pregunta:

—¿Le puedo entregar el último dibujo que también tengo atrasado? Ya nada más me falta uno, le estoy entendiendo un poco mejor a los dibujos con signos y me puedo poner al corriente.

—Claro que sí, lo puedes traer, te va a contar para que aumentes tu calificación; además, tú escribes muy bien en la máquina de escribir, eres muy buena.

—Sí, casi no veo el teclado —respondió Victoria con una sonrisa y un poco orgullosa.

—Eres de las mejores alumnas de la clase.

—¿Usted cree maestra? —indagó Victoria con incredulidad, levantando ambas cejas.

—No lo dudo. Cuando vamos a computación, también has entregado muy buenos trabajos; y me he fijado que escribes muy bien en la computadora; tampoco ves el teclado.

—Pues es que el teclado es muy parecido al de la máquina de escribir —contestó Victoria.

—Aun así, entre ellos hay diferencias y ambos teclados los manejas muy bien; en los dos sabes escribir muy bien y rápido —dijo la maestra. —Victoria escucha atenta, no dice nada, solo se queda pensativa mientras se dirige a su lugar.

Comienza una nueva clase, los alumnos se disponen a dirigirse con mochila en hombros a Computación. Mientras van de camino al laboratorio, Victoria se le acerca a la maestra y dice:

—Maestra, le traje el dibujo que no le había podido entregar.

—Muy bien, Victoria, en cuanto lleguemos me lo puedes dar, por favor —respondió la maestra.

Una vez que han llegado, Victoria se lo entrega y manifiesta:

—Aún me quedan un poco chuecos: por ejemplo, la «**pe**», la «**te**» y la «**de**».

La maestra, al escucharla, pensó:

«*Esta señorita está aplicando muy bien la metacognición*».

—No te preocupes, eso lo podemos ir mejorando poco a poco, lo importante es que, al darte cuenta, podrás ir corrigiéndolo con la práctica —explicó la maestra.

—Maestra, verdad que hoy nos toca que primero pasemos los pares a la compu —comentó Ricardo una vez que los alumnos entran al laboratorio de cómputo.

—Sí, jóvenes, pasen primero a los equipos de cómputo, los que tienen número par en la lista —informó la maestra—. Ricardo, por favor, reparte las actividades —adicionó.

La profesora le da unas hojas al joven y otras diferentes a Nadia.

—Los que son número non, pasen a la mesa central. Nadia, por favor, tú entrega estas otras.

La señorita, obediente, se dispone a repartirlas entre sus compañeros. La maestra mira atenta el dibujo y, dirigiéndose nuevamente a Victoria, que permanece de pie junto a ella, anuncia:

—En tu estrella no hay errores, todos los signos están bien representados, Victoria.

—Ya no se me complica tanto ponerlos, maestra; y cada vez veo menos el acordeón —contestó Victoria con una tenue sonrisa.

—Sí, vas avanzando muy bien, te felicito. —destacó la maestra.

Victoria se va a su lugar, desdibujando poco a poco su sonrisa. Los alumnos ya están ocupados, realizan la tarea del día: unos en la computadora; otros, en la mesa central, momento que aprovecha Victoria para acercarse nuevamente a su maestra, pero ahora acompañada de su gran amiga Karina.

—Maestra, le queremos pedir un favor...

—Díganme, muchachas.

—Mientras nos toca pasar a compu, nos ayuda a... —expresó Victoria, pensativa, un poco apenada y no logra terminar de expresar su idea.

—Es que..., ¿podemos ir a su escritorio?, para que no nos escuchen los demás —mencionó Karina bajando un poco la voz.

—Sí, claro.

Tanto las alumnas como la maestra caminan hacia el escritorio, se alejan de la mesa central y de las computadoras donde trabajan los estudiantes. Al llegar a él, la maestra pregunta, curiosa:

—¿De qué se trata, señoritas?

—Lo que pasa es que queremos escribir en «taqui» una pequeña cartita. ¿Nos ayuda? —solicitó Victoria, quien lleva en sus manos un lápiz y un pequeño block de hojas con dibujos de corazones de color entre rosa y rojo, además de varios tamaños con decorativos y márgenes.

—Sí, por supuesto —confirmó la maestra—. ¿Qué quieren escribir? —indagó.

—Pero no queremos que nadie nos escuche —explicó Karina tomando la palabra.

Karina sigue hablando en voz baja y en actitud de discreción.

—Lo que pasa es que a Victoria le gusta un chico de tercero y queremos mandarle una cartita pero en «taqui». —Victoria muestra una tenue sonrisa un poco apenada.

—¡Ah, me parece una buena idea, señoritas! —indicó la maestra también en voz baja con una mirada de complicidad—. ¿Qué te gustaría escribirle, Victoria? —Le pregunta también en voz baja.

—«Te quiero» —respondió ella con timidez.

—Está muy fácil —dijo la maestra.

—No, mejor «te amo» —corrigió Victoria.

—También está muy fácil —reiteró la maestra—. ¿Quieres ponerle su nombre? —indagó.

—Sí, se llama Jesús, algunos le dicen 'Chucho', pero no me gusta, no le quiero poner así, me gustaría escribirle «Jesús» —explicó Victoria.

—Muy bien, vamos a escribir «Jesús». Además, es un nombre bonito —mencionó la maestra—. ¿Le quieres poner tu nombre? —preguntó en voz baja.

—Pues sí me gustaría, pero también en «taqui» para que no sepa quién la escribe —detalló Victoria.

—¡Ah, claro!, que le cueste trabajo saber quién se la escribió, porque él no va en este taller, él va en Electrónica —expresó Karina—. Mejor vamos a ponérsela difícil, hay que dejarlo con la duda para que pregunte, vamos a escribirle, que adivine quién la escribió. ¿Cómo ves, Victoria, te late? —propuso.

—Sí, ¿verdad? Me parece una mejor idea —respondió Victoria.

—¡Oh, sí, me parece muy bien! Que le cueste trabajo saber quién se la escribe —enfatizó la maestra.

—Y para la siguiente ya le ponemos tu nombre, Victoria, pero en «taqui» —dijo Karina.

—Sí, sí, todo en «taqui» para que no sepa que yo soy la que le envía la carta —mencionó Victoria.

—Sí, va a tener que buscar ayuda —declaró la maestra, susurrando.

—Se va a poner esto muy emocionante —confesó Karina, sonriendo.

—Sí, porque no va a saber quién se la escribe —reafirmó la maestra.

Ellas se disponen a trabajar la carta, mientras el resto del grupo trabaja en las diferentes actividades que les han sido asignadas.

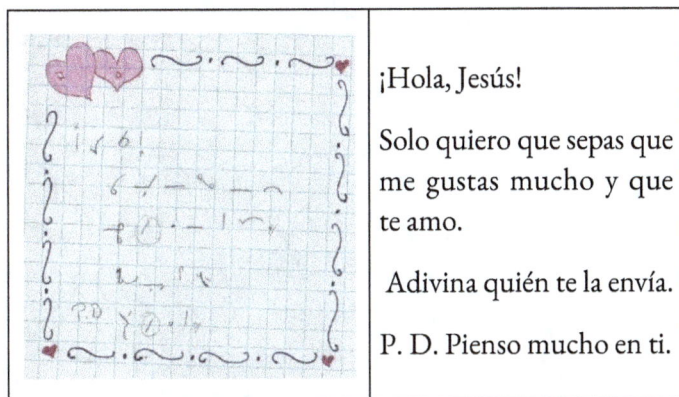

¡Hola, Jesús!

Solo quiero que sepas que me gustas mucho y que te amo.

Adivina quién te la envía.

P. D. Pienso mucho en ti.

Pasadas unas semanas, llega la anhelada hora por los alumnos: la clase está por terminar. Ellos deberán entregar el trabajo del día de hoy.

—Jóvenes, ya casi nos vamos; por favor, entreguen su ejercicio —pidió la maestra a sus estudiantes.

Los alumnos empiezan a entregarle el trabajo de la clase.

—¡Ringgggg! —Se escucha el timbre.

Finalmente, la jornada escolar —por el día de hoy— termina.

Los alumnos empiezan a salir hasta que solo quedan Karina y Victoria, quienes se acercan a la maestra; ambas le entregan su trabajo; la maestra, al recibirlos, les dice tras unos segundos de observarlos:

Taquigrafía
Instrucciones.- Observa que a la derecha de cada dibujo hay un recuadro, coloca dentro éste el número que corresponda a su signo taquigráfico.

1	12	16	2
3	10	13	4
5	1	15	6
7	18	3	8
9	2	17	10
11	6	4	12
13	8	7	14
15	20	19	16
17	9	5	18
19	11	14	20

—Señoritas, todas sus respuestas están correctas, las felicito, qué listas son. —Karina y Victoria sonríen complacidas.

—Maestra, le quiero pedir un favor —dijo Victoria, que no deja de sonreír.

—Sí, Victoria, claro que sí, con gusto. ¿Deseas que hagamos otra carta? —preguntó la maestra.

—No, maestra, la última que nos revisó, aún está buscando Jesús quien se la transcriba[2].

—Ja, ja, ja, ja, ja. —Las tres se ríen.

—Pues la última que revisé no corregí nada, señoritas; y en las anteriores casi no hubo errores, las están escribiendo súper bien —mencionó la maestra.

—Sí, y nos gusta, porque de todas las que le hemos mandado, es el día que aún no sabe quién se las hace —expresó Victoria con una gran sonrisa de admiración.

—Ja, ja, ja, ja, ja. —Las tres ríen en gran complicidad.

—¡Ah, pues eso sí que está requeté bien! —mencionó la maestra.

—Sí, nos hemos estado divirtiendo mucho con esto —agregó Karina muy risueña.

—¿Y sí le han podido ayudar a transcribirlas? —preguntó la maestra.

—Sí, pero como no le ponemos nombre, pues está con la duda de quién se las hace —expuso Victoria.

—Ja, ja, ja, ja, ja. —Las tres no dejan de reír y sonreír.

—¡Eso está genial! —admitió la maestra.

—Sí, hemos pasado buenos ratos con esto, ¿verdad? dijo Victoria a Karina.

—Sí, la verdad nos hemos divertido mucho —aceptó Karina.

—¿Sí se dan cuenta, señoritas? Ya no les corrijo nada, están aprendiendo muy bien, las dos le entienden súper bien a la Taquigrafía.

---

2. Transcribir es saber leer los signos taquigráficos.

—Sí, la verdad, sí, yo misma estoy sorprendida, por eso le quiero pedir otro favor —solicitó Victoria.

—Sí, yo también estoy sorprendida —expresó Karina y las tres sonríen.

—Dime, Victoria —mencionó la maestra.

Victoria toma la palabra y dice:

—Lo que pasa es que mi papá es carpintero y, aunque es muy bueno para trabajar, a veces tiene trabajo, a veces, no. Y bueno..., el favor que le quiero pedir es que... mi hermano trabaja en un bufete de abogados y me comentó que ahí trabajan secretarias que toman los dictados en Taquigrafía. Y puesss me dice que puede pedirles a los licenciados que también a mí me den trabajo de medio tiempo para que, como él, yo pueda ir a la prepa. Me gustaría ayudar a mis papás cuando termine la secundaria.

—Claro que sí, Victoria, con mucho gusto —contestó la maestra.

—En caso de que no nos toque usted en tercero, de todas maneras yo la buscaría para que me explique lo que no sepa.

—Por supuesto, Victoria, cuenta conmigo; estoy segura que aprenderás tooodas las lecciones, no dudes que podrás escribir todas las palabras y podrás escribir todo, todo lo que te dicten.

—¿Usted cree?

—No lo creo, te lo aseguro, estoy cien por ciento segura que lo lograrás; además, escribes súper bien y rápido tanto en la máquina de escribir como en la computadora, así que serás un excelente apoyo para los abogados.

Victoria expresa una hermosa sonrisa. La maestra continúa:

—Tú llevas el triunfo en tu nombre: «Victoria».

—¡Maeeestra!

Victoria la abraza con ternura, recargando su cabeza en ella. La maestra le corresponde el abrazo.

"Solo aquel que se consagra a una causa, con toda su fuerza y alma, puede ser un verdadero maestro. Por esta razón, ser maestro lo exige todo de una persona"

ALBERT EINSTEIN

Capítulo 7
Mis reflexiones

Desde que somos pequeños nos vemos rodeados de una gran cantidad de símbolos que con el tiempo vamos codificando e interpretando. Estamos inmersos en un mundo que, para ser funcionales, necesitamos saber comunicarnos no solo por aquellas formas que son parte de nuestra naturaleza, sino además por todas aquellas que el ser humano ha creado a lo largo de la historia. Esta comunicación no es solo con quienes nos rodeamos, sino también con el exterior, con nuestro mundo, en el escenario en el que nos movemos y enfrentamos, ante el cual estamos obligados a responder.

Los niños y jóvenes están en una etapa crucial para prepararse y ser competentes en esta habilidad, enfrentar los diferentes aprendizajes que les esperan y saberlos interpretar. Sin duda, es todo un reto. Aprender a leer, escribir, conocer los números... es solo el comienzo; luego, habrá una gran cantidad de signos, fórmulas, lenguajes especializados, entre otros, que deberán reconocer, codificar y decodificar. Sin lugar a dudas, alcanzar esta habilidad determinará el éxito o fracaso académico que tendrán. Me parece que un punto de inflexión elemental que todo docente debe atender tiene que ver justo con la manera como el estudiante está interpretando la información que recibe de su maestro.

El reconocimiento que deben hacer los estudiantes de los signos de la Taquigrafía, nuevos *símbolos/signos* a los que se enfrentan y que habrán de interpretar, sin duda implicará un esfuerzo.

Ante ello, me encontré con lo asombroso de un pensamiento que no deja de estar en búsqueda de ser explorado. La percepción visual que nos regalan los alumnos en todas estas obras de arte me parece que son dignas de ser exploradas, analizadas y compartidas. Me permito dar a conocer las diferentes interpretaciones que hacen de estos signos a través de sus dibujos y que, a título personal, es una enorme riqueza.

El primero de ellos es **rotación**. Esta transformación consiste en representar el signo con un giro, alterando su grado de inclinación con respecto al plano espacial, el cual puede variar en dirección y grados. Esta forma de representación puede estar presente en todos los signos, aunque en mayor grado se observa en los curvos. A continuación algunos ejemplos:

Sílaba	Signo modelo	Distorsión		
te				
pe				
que				
me				
le				
es				

144

La segunda forma de representación es **visión espejo**, la cual muestra el signo completamente inverso, análogamente como si este se mostrase ante un espejo o una pantalla que permite proyectar la imagen. Esta representación puede observarse de manera horizontal o lateral. Ejemplo:

Sílaba	Signo modelo	Distorsión
me	⌢	⌣
ne	⌣	⌢
pe	\	/
che	/	\
es	)	(
el	⌡	⌞
er	⌐	⌠
le	(	)
fe	⌞	⌡

Por último, también se puede observar una **deformación** en los signos respecto a la forma original de este. Consiste en una alteración parcial o total del signo modelo, misma que puede ser expresada por estiramiento, encorvamiento, tamaño y forma.

Estas tres distorsiones pueden estar presentes en todos los signos del alfabeto, ya sean rectos o curvos; cualquiera de estas altera significativamente la identidad del signo, convirtiéndolo en otro, o incluso desdibujándolo en el alfabeto taquigráfico. Esto significa que se pierde en el alfabeto, y aunque en este compartir-experiencia docente no se anexan otras actividades de los alumnos, también las podemos observar en los exámenes y las tareas en general, por lo que un docente que tiene como encomienda transmitir aprendizajes gráficos en su programación, probablemente se encuentre con este tipo de distorsiones gráficas.

El proceso de razonamiento que conforman nuestros esquemas mentales son propios de un pensamiento en movimiento, dinámico, que nos lleva a la consideración de encontrarnos con estas *distorsiones* cognitivas, que pueden llevarnos a interpretaciones completamente diferentes a la realidad; es decir, son interpretaciones inexactas y que, ante el proceso de enseñanza-aprendizaje (PEA), es muy probable que nos topemos con ellas ya que el alumno, al enfrentarse a un nuevo conocimiento y tratar de asimilarlo, puede transformarlo de diversas formas y, aunque haya diversos términos para hacer referencia a ellas por los diferentes teóricos que nos han regalado sus valiosas aportaciones, para la psicología genética las distorsiones son una reorganización en el pensamiento del estudiante.

Por lo que, ante un nuevo aprendizaje, existe la gran posibilidad de encontrarnos con distorsiones en la interpretación del conocimiento demandado; estas pueden ser un cúmulo de riqueza si las tomamos en cuenta no solo para conocer parte del pensamiento que aún está en vías de ser explorado y potencializado, sino que, además, pueden aportarnos elementos para asentar bases teóricas y prácticas, creando con ello teorías de aprendizaje y así perfeccionar nuestra labor docente. Todos nuestros sentidos son susceptibles de ser perfeccionados con la práctica y una correcta guía, tarea en donde la participación del maestro es crucial, pudiendo generar nuevas herramientas para alcanzar el aprendizaje de los objetivos en nuestros alumnos, con la posibilidad de marcar en ellos la diferencia entre el éxito o fracaso escolar.

Me parece que, si queremos perfeccionarnos como maestros, es preciso conocer el pensamiento de nuestros alumnos que, si bien puede ser a través de las diversas tareas que nos regalan, también —y no menos valiosas— son sus preguntas, dudas, cuestionamientos, porque con ello están intentando aprender, conocer, explorar y que, en palabras de J. Dewey, se cristaliza. Las preguntas son *"las manos con las que exploramos el mundo"*. Ciertamente, estas pueden ser —en algunas ocasiones— incómodas o molestas; incluso, tal vez alguien las interprete como una «confrontación» a su saber, sin embargo, un docente sensible a su labor sabrá sacar provecho de ellas, tomarlas en cuenta y así, dando respuesta a los interrogantes de sus alumnos, pueda obtener más y mejores elementos que le permitan direccionar su quehacer docente.

Ser docente no es solo un trabajo más, ciertamente parte importante de una política pública, pieza esencial en la construcción de una mejor persona y sociedad. Además, agregaría —si se me permite— el término '*romántico*' de una hermosa profesión; es también tener la gran oportunidad de participar en la formación de muchos niños, jóvenes, adolescentes y/o adultos; es trascender con ellos en la historia, con nuestras enseñanzas y conocimientos, porque un buen maestro vivirá siempre no solo en el ámbito personal, familiar, profesional, laboral, donde se desenvuelvan todos aquellos que son o fueron sus alumnos, sino también en el corazón y en la mente de ellos.

"Un nuevo tipo de pensamiento es esencial para que la humanidad sobreviva y avance hacia niveles más altos"

ALBERT EINSTEIN

Capítulo 8
¿Y eso para qué?

Tras haberme acompañado en esta breve aventura, mi paciente lector, la riqueza que me regalaron estos jovencitos cuando en su momento tuve el privilegio de ser su maestra y que descubrí en este camino que recorrí con ellos, puedo asegurar, sin temor a equivocarme, lo mucho que me enseñaron. **¿Y eso para qué?** Pregunta inteligente con la que me encontré a lo largo de la enseñanza de esta inusual escritura, no solo en los alumnos que, en su negativa por cumplir mi demanda, lo expresaban con cierta rebeldía, argumentando lo inútil que les representaba aprenderla y, aunque no fue una generalidad, sí estuvo muy presente en cuestionamientos de algunos de mis maestros de la universidad, compañeros docentes y autoridades educativas al punto que en la actualidad esta escritura ya no figura en el currículum de secundaria.

> *"(...) eso ya no se usa, ya estamos en la era de la modernidad y la Taquigrafía pues ya no sirve, es la verdad... Ya hay computadoras, grabadoras, celulares que graban las pláticas..."* (Sic. Jhovany).

Vivimos una era que no deja de sorprendernos con los avances tecnológicos; es loable reconocer que muchas de las funciones que desempeñamos los seres humanos han sido, son y serán remplazadas por computadores, celulares, grabadoras, tabletas, dispositivos en general, es decir, por la tecnología; incluso podemos constatar que la inteligencia artificial ya toca nuestras puertas, ante lo cual ¿quién de nosotros no desea verse beneficiado con una vida más cómoda con el apoyo de todos estos aparatos? Evidentemente los seres humanos buscaremos siempre vernos rodeados y ayudados por todos estos avances optimizando al máximo nuestra vida y nuestras actividades.

Con toda certeza, la tecnología cada vez irá cubriendo más campos de acción, sin embargo, me parece que los docentes ante esta realidad tenemos un mayor campo de acción que la misma tecnología. Los alumnos, especialmente en etapas tempranas de desarrollo, están ávidos de aprender, conocer, opinar, preguntar, explorar, salvo por algún intruso *ente nocivo* que les haga sentir lo contrario, inhibirá su deseo innato de incursionar en el aprendizaje y el conocimiento.

Todas las capacidades que tienen que ver con el razonamiento, la concentración, atención, memorización, el análisis, la intuición, saber inferir, deducir, imaginar y todas aquellas habilidades que involucran funciones ejecutivas, determinarán el progreso versus rezago del aprendizaje en los estudiantes. Los docentes tenemos una gran responsabilidad y una gran tarea por delante para sembrar, desarrollar y potenciar en nuestros alumnos estas y otras habilidades que les permita dar ese gran salto, llevándolos a mejorar su entorno, creando nuevos aprendizajes, perfeccionar lo aprendido, enfrentar su mundo, incluso a la misma tecnología y, porque no, cuestionar y confrontar todo aquello que les rodea. Es menester recordar que todas las habilidades de pensamiento pueden ser potenciadas con una adecuada ejercitación y dirección.

En general, en la comunidad educativa y científica es de conocimiento el hecho de que cualquier escritura, por «insignificante» que nos parezca, no deja de maravillarnos en su estructura y conformación; ver a simple vista cualquiera —incluidas las partituras— no dejan de causarnos admiración.

Me parece que los contenidos académicos que nos brinden la posibilidad de poner a prueba nuestras capacidades intelectuales y que nos den la oportunidad de ejercitar nuestras habilidades intelectuales deben ser promovidos, saberes que nos permitan crear, innovar, optimizar la inteligencia, potenciarla.

La escritura es sin lugar a dudas una compleja red de habilidades cognitivas que, al configurarse durante el proceso de aprendizaje, nos brindan una valiosa opción para favorecer diversas habilidades intelectuales.

La escritura taquigráfica 'Pitman', alberga en su construcción una serie de elementos tan diversos como complejos; en ella se concretan sustratos muy sutiles y de gran destreza intelectual para conformarla. De esta manera, esta escritura 'Pitman', requiere de habilidades intelectuales interesantes que se ponen a prueba ante su ejecución y que podrían detonar —como todo conocimiento— otro tipo de competencias en los estudiantes y así dar cauce a otros canales de habilidades cognitivas. Esta escritura taquigráfica posee todos los elementos propios de la escritura, pero además otras características que ponen a prueba habilidades mentales como ubicación espacial, inclinación e impresión del trazo.

> *"La escritura implica acciones organizadas precisas que permiten representar de manera simultánea las características fonológicas semánticas, sintácticas y pragmáticas del lenguaje oral..."* (Rosselli, Matute y Ardila. Pág. 162).

No es este el espacio para dar a conocer la riqueza invaluable que constituye dar cuerpo y conformación a toda escritura ya que esto nos llevaría directamente a la realización de varios tomos. Basta con saber que en toda escritura se materializan una serie de elementos de alto nivel cognitivo, motrices, auditivos-visuales, emocionales e incluso elementos que, armonizados con gran destreza y al unísono, hacen posible crear una de las habilidades intelectuales más altas, propias del ser humano.

> *"Complejos procesos motrices y psíquicos son necesarios para su adquisición* (Escritura)*, y cuando ello se ha conseguido, la estructura funcional cerebral resultante es tan impresionante que su actividad pone en juego todas las capacidades de nuestro cerebro"* (García, pág. 14).

Toda escritura es una expresión ciertamente, pero no es solo gráfica, es también una expresión corporal y afectiva en la que se entreteje la construcción del Yo.

> *"(...) todos los trastornos de la escritura no solo presentan en el niño desajustes o déficits en los procesos del equilibrio, sino también en la imagen corporal, manantial que alimenta nuestra propia autoestima"* (García, Pág. 36).

Escribir se asemeja a danzar, solo que, en un plano espacial a menor escala, el autor, al escribir, danza al ritmo y en sincronía con sus ideas, sus pensamientos, sus vivencias, sus emociones, su intelecto... Al escribir, crea su propia coreografía; el autor se expresa a través de su escritura, pero también la escritura expresa *algo* de su autor.

"Escribir es ejercitar el pensamiento; el medio de que nos valemos para analizar nuestras vivencias, recrearlas, volver a vivirlas con la distancia necesaria e integrarlas en la realidad actual" (García, pág. 14).

La escritura ha sido un ícono desde su origen, dividiendo la línea del tiempo en prehistoria e historia. Con la escritura *congelamos* un espacio del tiempo. Se cree que, al escribir, potenciamos nuestra capacidad de retención sobre lo expresado gráficamente.

"(...) porque si sabes escribir bien en español, pues otra escritura para lo mismo no tiene caso" (Sic. Memo).

En algún momento histórico, la escritura tomó un doble proceso de recreación, se reinventó a sí misma para confirmar ser, un instrumento potencialmente intelectual.

Un regalo
para la mente
y el corazón

HIMNO A LA ALEGRÍA

Escucha hermano la canción de la alegría
El canto alegre del que espera un nuevo día
Ven canta sueña cantando
Vive soñando el nuevo sol
En que los hombres
Volverán a ser hermanos

Ven canta sueña cantando
Vive soñando el nuevo sol
En que los hombres
Volverán a ser hermanos

Si en tu camino solo existe la tristeza
Y el llanto amargo
De la soledad completa
Ven canta sueña cantando
Vive soñando el nuevo sol

En que los hombres
Volverán a ser hermanos

Si es que no encuentras la alegría
En esta tierra
Búscala hermano
Más allá de las estrellas
Ven canta sueña cantando
Vive soñando el nuevo sol
En que los hombres
Volverán a ser hermanos

Fuente: LyricFind

Día	Mes	Año
28	Julio	1936

LAS PALABRAS

Dales la vuelta,
cógelas del rabo (chillen, putas),
agótalas,
dales azúcar en la boca a las rejegas,
ínflalas, globo, pínchalas,
sórbeles sangre y tuétanos,
sécalas,
cápalas,
písalas, gallo galante,
tuérceles el gaznate, cocinero,
desplúmalas,
destrípalas, toro,
buey, arrástralas,
hazlas, poeta,
haz que se traguen todas sus palabras.

Octavio Paz

Día	Mes	Año
3	Julio	1936

Cuando la luz del sol es ya poniente,
gracias, Señor, es nuestra melodía;
recibe, como ofrenda, amablemente,
nuestro dolor, trabajo y alegría.

Si poco fue el amor en nuestro empeño
de darle vida al día que fenece,
convierta en realidad lo que fue un sueño,
tu gran amor que todo lo engrandece.

Tu cruz, Señor, redime nuestra suerte
de pecadora en justa e ilumina
la senda de la vida y de la muerte
del hombre que en la fe lucha y camina.

Jesús, Hijo del Padre, cuando avanza
la noche obscura sobre nuestro día,
concédenos la paz y la esperanza
de esperar cada noche tu gran día.
Amén.

Completas. Liturgia de las horas.

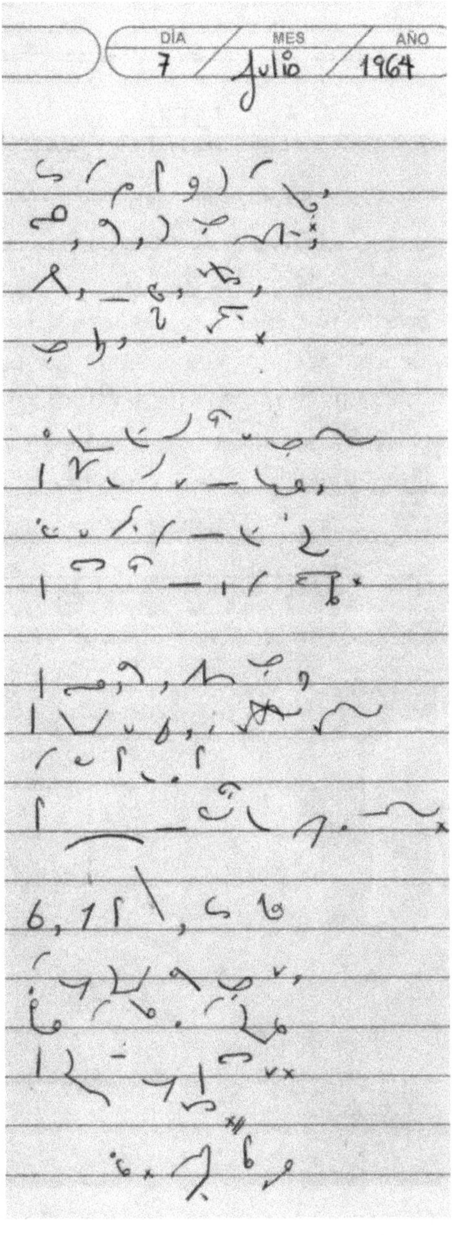
DÍA
7
MES
Julio
AÑO
1964

AVE MARÍA

Dios te salve María,
llena eres de gracia,
el Señor es contigo.
Bendita tú eres entre todas las mujeres
y bendito es el fruto de tu vientre, Jesús.
Santa María, Madre de Dios,
ruega por nosotros, pecadores,
ahora y en la hora de nuestra muerte.
Amén.

DÍA	MES	AÑO
26	08	2023

PADRE NUESTRO

Padre nuestro,
que estás en el cielo,
santificado sea tu nombre;
venga a nosotros tu reino;
hágase tu voluntad en la tierra
como en el cielo.
Danos hoy nuestro pan de cada día;
perdona nuestras ofensas,
como también nosotros perdonamos
a los que nos ofenden;
no nos dejes caer en la tentación,
y líbranos del mal.
Amén.

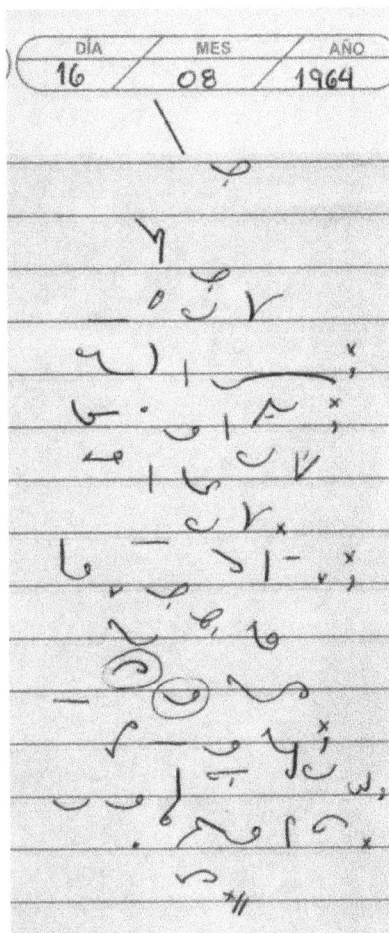

Fuentes de consulta

Balcárcel, Celia. *Taquigrafía primer curso*. Sistema de Escritura
Fonética. Ediciones ECA, S. A. de C. V. Pensamiento
esfuerzo Organización. s/a. México.
García Núñez, Juan. Educar para escribir. Ed. Limusa. México,
2009.
M. Rosselli, E. Matute, A. Ardila, Neuropsicología del
desarrollo infantil. Ed. Manual Moderno. México. 2010.

Los dibujos de los alumnos son una compilación de las tareas
realizadas durante las clases.

Los dibujos que se describen como prediseñados en esta
experiencia docente, son dibujos para niños pequeños con
la finalidad de colorearlos; fueron adquiridos en la papelería;
algunos de ellos se modificaron con el objetivo de agregar líneas
que permitieran representar los signos de la escritura taquigráfica
'Pitman'.

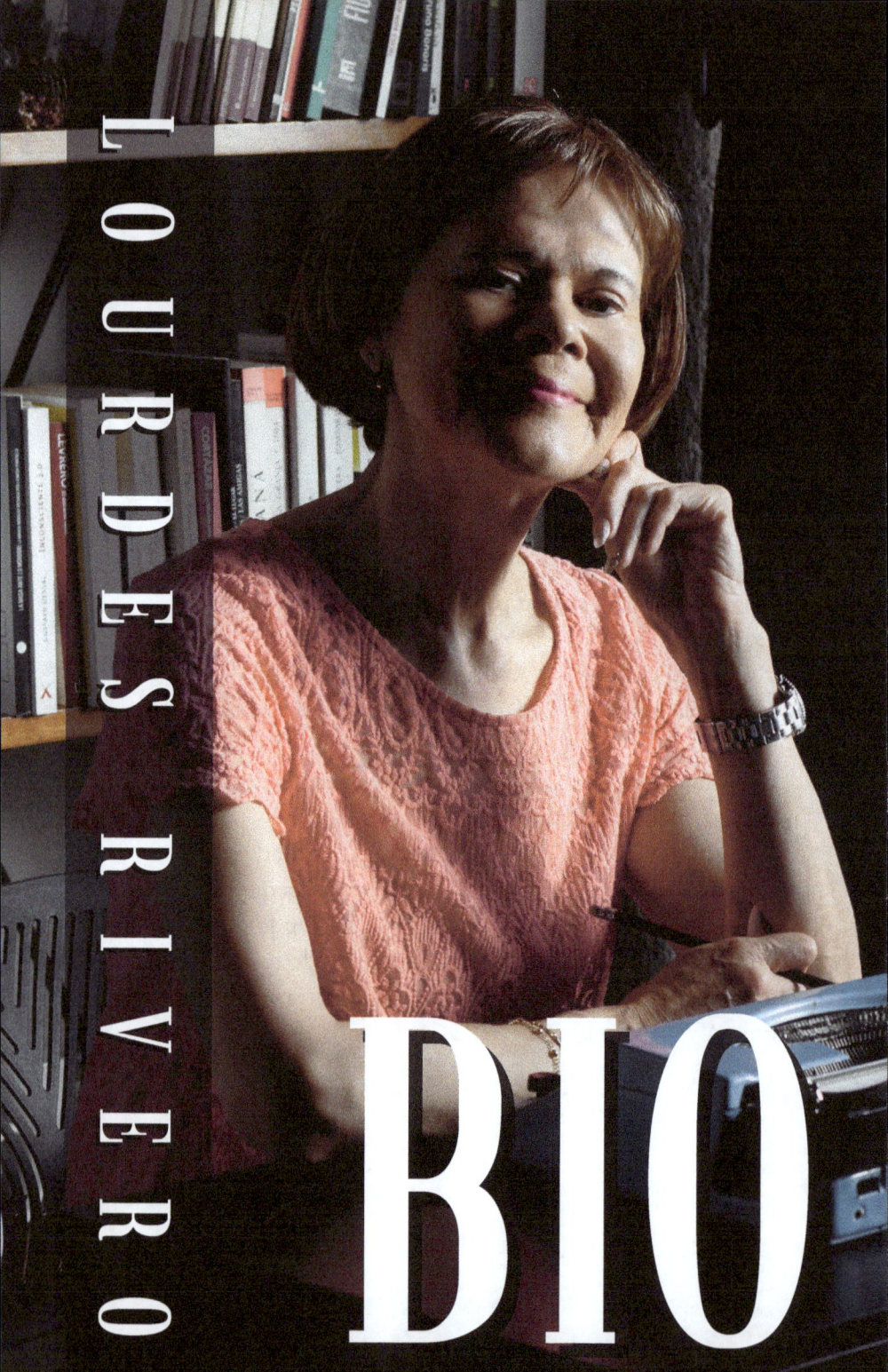

LOURDES RIVERO

BIO

LOURDES RIVERO, reconocida psicóloga educativa y consultora independiente, es la autora del inspirador libro "¿Y ESO PARA QUÉ?". Desde 1983, Lourdes ha dedicado su vida a la docencia y desde 2003, a la psicología educativa, impactando la educación y el desarrollo humano con su vasta experiencia y compromiso.

Comenzó su carrera a los 19 años como docente de secundaria y, más tarde, obtuvo una licenciatura en Psicología Educativa y dos maestrías, una en Desarrollo Educativo y otra en Intervención Psicopedagógica. Lourdes ha sido galardonada con una beca de CONACYT y ha publicado parte de su tesis en una prestigiosa recopilación de investigaciones educativas.

Tras su jubilación en la Secretaría de Educación Pública, Lourdes fundó su propio consultorio, Jemalú®, donde ofrece servicios de psicología educativa, evaluaciones psicopedagógicas, asesoría familiar y atención emocional. Además, ofrece conferencias y trabaja extensamente en la capacitación de docentes.

Nacida en la Ciudad de México el 7 de julio de 1964, Lourdes disfruta de una vida activa. Le apasiona nadar, practicar senderismo, saltar la cuerda, correr en bici, leer, bailar y cocinar. Vive en Metepec, Estado de México, donde continúa su labor educativa y disfruta de convivir con su familia y amigos.

Para conocer más sobre Lourdes Rivero y su trabajo, puedes visitar su sitio web en: www.Jemalu.com.mx.

CONTACTO

+52 722 467 63 41

info@jemalu.com.mx

AGENDA UNA CITA

Jemalú
PSICOLOGÍA EDUCATIVA

Ayudamos a los padres de familia a mejorar el rendimiento escolar y personal de sus hijos por medio de la psicología educativa.

- Evaluaciones Psicopedagógicas
- Nivelaciones Académicas
- Manejo de Emociones
- Interés Vocacional
- Trastornos del Desarrollo
- Asesorías y Conferencias sobre:
  - Educación Sexual
  - Inteligencia Emocional
  - Violencia y Bullying
  - Comunicación Eficaz
- Y mucho más...

Lourdes Rivero

Agenda Una Sesión Hoy

ESCANEAR AQUÍ

O HABLAR AL +52 722 467 63 41

CONFERENCIA

ESTRATEGIAS
COGNITIVAS ANTE
APRENDIZAJES
ACADÉMICOS

Descubre las claves para potenciar el desarrollo cognitivo de tus alumnos a través de técnicas innovadoras y efectivas, que transformarán su manera de aprender y asimilar conocimientos.

LLEVA ESTA CONFERENCIA A TU CIUDAD

📞 +52 722 467 63 41

Lourdes Rivero